Guy Serge José MAKOUEZI

LE SÉJOUR DES MORTS

Guy Serge José MAKOUEZI

LE SÉJOUR DES MORTS

Une réalité invisible

Éditions Croix du Salut

Imprint

Any brand names and product names mentioned in this book are subject to trademark, brand or patent protection and are trademarks or registered trademarks of their respective holders. The use of brand names, product names, common names, trade names, product descriptions etc. even without a particular marking in this work is in no way to be construed to mean that such names may be regarded as unrestricted in respect of trademark and brand protection legislation and could thus be used by anyone.

Cover image: www.ingimage.com

Publisher:
Éditions Croix du Salut
is a trademark of
Dodo Books Indian Ocean Ltd. and OmniScriptum S.R.L publishing group

120 High Road, East Finchley, London, N2 9ED, United Kingdom
Str. Armeneasca 28/1, office 1, Chisinau MD-2012, Republic of Moldova, Europe
Printed at: see last page
ISBN: 978-620-6-17070-9

LE SEJOUR DES MORTS

Une réalité invisible

Le Prophète

Guy Serge José MAKOUEZI

INTRODUCTION

Cet ouvrage est écrit sous l'impulsion du Saint-Esprit, dans un but très important, celui de faire connaître aux gens, aux humains, une certaine réalité qui leur échappe souvent. Cette vérité est une réalité pour laquelle, nombreux des humains ne savent pas pourquoi en fait ils existent. Ils ignorent pourquoi sont-ils nés et n'en veulent pas aussi en savoir ; car personne ne leur en parle ou ne leur en donne des explications concrètes. Du coup, nombreux pensent qu'ils existent par hasard. Et donc, ils peuvent mener leurs vies comme bon leur semble. Seulement, ils sont conscients qu'ils étaient nés un jour ; puisqu'ils célèbrent souvent la date de leurs anniversaires.

Mais aussi, tous sont conscients qu'ils mourront, bien qu'ils n'en savent pas très souvent les conditions et les moments.

Et, nombreux pensent qu'il n'y a qu'une seule vie ; ce qui n'est qu'évident. Ils ont donc opté pour le manger, le boire, s'égayer, etc. disent-ils cela fait partie de « **notre part sous le soleil** ». Certains disent même, qu'il s'agit de notre capital de vie. Et pour autant ; c'est à cause de ces choses-là, que l'on sera un jour devant la barre du jugement dernier, comme cela est écrit dans le livre d'**Ecclésiaste 12v1** :

*''Jeune homme, réjouis-toi dans ta jeunesse, livre ton cœur à la joie pendant les jours de ta jeunesse, marche dans les voies de ton cœur et selon les regards de tes yeux ; **mais sache que pour cela Dieu t'appellera en jugement.**''*

Et, le jugement dont il est question ici ; il s'agit du jugement de Dieu. Lui qui est le Créateur du monde et de tout ce qui compose le monde. Ce jugement intervient après avoir vécu, la vie terrestre. Tel il est écrit dans le livre des **Hébreux** au chapitre **9**, verset **27** :

*''**Et comme il est réservé aux homme de mourir une seule fois, après quoi vient le jugement.**''*

Alors, il est important, sinon capital à l'homme ; à un moment donné du parcourt de la vie terrestre, de s'arrêter pour méditer sur la réalité de son existence et de sa suite. Et si le titre de cet ouvrage porte sur le « **séjour des morts** » ; donc les morts ne sont pas des perdus. Ils sont ou, ils partent dans un lieu, pour un temps, où ils attendent le jour du jugement dernier. Et, le jour du jugement une fois arrivé ; tous les morts seront ressuscités pour être jugés. Le passage de l'**Apocalypse 20v13** le dit clairement :

''La mer rendit les morts qui étaient en elle, la mort et le séjour des morts rendirent les morts qui étaient en eux ; et chacun fut jugé selon ses œuvres.''

Et donc, en ce qui concerne cet ouvrage ; Le point le plus capital, consisterait à porter à la connaissance des lecteurs et donc de l'Eglise du Seigneur la révélation de ces différents lieux, où partent les âmes des êtres humains, après leur mort, quant à la chair. Il est vrai qu'il existe trois endroits pour le séjour provisoire des morts !

QU'EST-CE QUE LE SEJOUR DES MORTS ?

Le séjour des morts est une expression composée de deux mots : **Séjour** et **Morts**.

Lorsqu'on parle du **séjour** ; on fait allusion au fait de séjourner, ou de demeurer dans un lieu pendant un temps donné.

Ainsi, le séjour n'est pas quelque chose de définitive ; mais il est momentané. Ce qui voudrait dire ; lorsqu'on parle du séjour ; on fait allusion à quelque chose qui a un terme.

Et, la **mort** ; c'est la cessation de la vie. Ceci n'est qu'une forme d'expression. Mais en réalité ; la mort est un mot qui se résume en plusieurs sens. Et, pour mieux parler de la mort ; il faudrait s'intéresser aux êtres humains.

La suite de la question posée en amant ; le séjour des morts est le lieu où partent les morts, de façon réelle. Car cela peut être expliquée ou démontrée. Mais toutefois, en parlant du séjour des morts ; on a tout de suite deux pensées qui surgissent spontanément dans l'esprit. Il s'agit : **Des morts** et **le séjour**.

Aussi, pour mieux parler du séjour des morts ; il faudrait dénicher de façon séparée ; ces deux mots. Et, on va commencer au prime abord, d'examiner la question sur la **mort** ; laquelle est la **cessation ou l'arrêt de la vie terrestre**, puis **la mort comme lieu où partent les morts**.

LA MORT

La mort est un phénomène très pertinent. Elle n'est pas toujours bien comprise. La mort fait toujours pleurer et regretter ; car, c'est un phénomène qui est toujours d'actualité ; au point où, ce ne sont pas ceux qui sont déjà morts qui ont des problèmes, puisque, tout s'arrête pour eux dans le monde physique ou dans le monde matériel ; mais, les vivants. C'est-à-dire ; ceux pour qui, l'existence dans ce monde matériel est encore en cours.

La mort a créé pour les humains, une sorte de psychose. Car, à tout moment qu'elle peut surgir dans le parcours de l'un des humains, peu importe, d'où qu'ils viennent, le continent, le pays, la ville, le village, la couleur de la peau, la couleur des yeux et des cheveux, etc. Les autres encore en vie, se traumatisent, ils sont attristés ; ils se font des diverses idées ; se divisent ceci, cela ; se soupçonnent, s'accusent, etc.

Mais enfin de compte, chacun d'eux s'approche vers la convergence ; le lieu où, tout tend vers un certain ressaisissement, ou une prise de conscience.

Mais enfin encore, pour rhabiller le courage, pour oublier un tant soit peu ; certains se droguent, consomment des boissons enivrantes. Et, ils créent aussi des formes de slogans ;

comme qui dirait ; pour donner du tonus à leur esprit : « **Dans cette vie, il faudrait manger, boire, et s'amuser, car, lorsqu'arrive la mort ; elle ne signale point !** »

Et, lorsqu'on veut comprendre les évènements qui environnent ce phénomène ; on peut facilement comprendre que, tous les êtres humains ont pratiquement peur de la mort. Même les plus courageux. Que ce soient les kamikazes ou pirates ; tous ont peur de la mort. Seulement pour les kamikazes ; lorsqu'un détonateur s'explose, il ne fait pas sentir des douleurs au corps physique, comme le cas d'une personne qui meurt en s'éteignant à petit feu, sous des douleurs atroces.

Mais toutefois, même pour ces kamikazes ; ils sont habités de cette peur, laquelle produit en eux, un fond de tristesse, avant que la vie soit arrachée par le détonateur.

Alors, tous les humains ont peur de la mort, même les bêtes, les poissons, les plantes et autres. Car, il n'y a sur la terre, dans ce monde physique, qu'une seule vie. Et, après ; c'est la mort. Voir **Hébreux 9v27** :

'' *Et comme **il est réservé aux hommes de mourir une seule fois**, après quoi vient le jugement.* ''

A cause de la peur pour la mort, les humains depuis toujours, avaient de la curiosité jointe à une certaine idiotie ; car, voulant connaître ce que c'est la mort ; ils ont eu à penser qu'ils existent par pur hasard.

Si le monde est-elle une réalité hasardeuse, et alors ; que faire ?

D'imaginations en imaginations ; l'humain avance des théories à la pluralité des questions qui se posent tout autour de la mort, et sur lesquelles, la nature ferme sa bouche.

- Il n'y a qu'une seule vie ; après elle ; c'est la fin ou la mort. Donc, pour certains humains ; la mort c'est la fin.

Cette théorie a poussé les humains de chercher à tout avoir, à tout faire ; car ils finiront par mourir un jour. Et, ça sera la fin.

Les humains ont compris d'après eux ; qu'ils existent pour manger, pour boire, vivre toutes formes de plaisirs, liées à la corruption de la chair. Alors, même s'ils pouvaient ensuite mourir ; ils auraient quand même pu profiter de la vie sur terre. Et donc, dans le monde physique, ou matériel, ils ont pu tirer leur part. Voilà, en fait, de quelle sorte de raisonnement, l'homme s'est inculqué, dans le but de compenser son chagrin de vie sur terre, ou son plaisir ; sachant qu'il a eu des biens, et qu'un jour, il devrait mourir, pour les laisser à quelqu'un d'autre, ne sachant ce que cela deviendrait après lui !

- Les morts ne sont pas totalement morts ; ils vivent avec nous ; mais invisiblement.

Cette théorie a poussé les humains de chercher à entrer en contact avec ces soient disant morts, lesquels ont leurs demeures soient disant parmi les vivants, mais invisiblement.

Alors l'humain va développer dans ses imaginations, les pensées selon lesquelles ; les morts leurs assurent la protection.

Car étant devenus invisibles ; ils peuvent tout voir. Ce qui est invisible, et ce qui est visible. Alors, ne sachant de cette façon, ce qui viendra subitement sur eux ; il faut donc, un secours à tout prix.

Ils peuvent se confier dans ce cas, aux morts, pour connaître les choses qui leurs échappent.

C'est pourquoi aussi, pour attirer vers eux, les esprits des morts lesquels, ils pensent être les leurs ; les humains sont obligés de poser des actes qui ne pourront pas frustrer ceux-ci.

Ainsi, il faudrait leur adresser les paroles flatteuses, et cela, dans le vide ; car ils écoutent bien, et sont capables d'une réaction dans le monde physique. Voilà, ce que certains humains pensent !

- Les morts sont des porteurs de bénédictions, de protections et de bonheurs, etc.

Cette théorie fit que les humains prennent bien soin des tombeaux. Ils ont une journée, si non ; des journées créées uniquement à l'honneur des morts. Car, les morts en ce jour-là, reviennent dans ce monde physique, et ils posent des actes palpables, visitent les leurs encore en vie, puis retournent ou rentrent dans leur monde. Le monde invisible.

Ainsi, il y a des rituelles qui se font pour les morts, en faveur des humains en vie. Alors, s'établit les cultes pour les morts. Ce qui leur permettrait de s'en souvenir de ce que, ils avaient l'habitude de se rendre aux cultes. Certains partent jusqu'au dépôt des choses aux cimetières, sur des tombeaux.

N.B : Comme si cela n'eut suffi ; **certains autres ont pensés qu'il y a un lieu où partent ceux qui meurent. Ainsi, ils appellent à leur manière, ce lieu : Le Paradis ; pour les gens biens. Et, ils s'imaginent que, ceux qui se comportent mal ou méchamment envers leurs sembles, ceux-là devront payer leurs fautes ; d'où l'idée d'un certain charma : Un Enfer.**

Les humains pensent donc que, les animaux, les poissons, les reptiles, etc. Ce sont des êtres humains méchants, mort, lesquels sont revenus dans ce monde physique, payer pour leurs méchantes conduites. Et, ceux qui avaient fait beaucoup de mal, d'autres reviennent à l'existence, parfois avec des infirmités, des maladies chroniques, des maladies qui ne guérissent pas, les maladies pour toute la vie. C'est de cette façon, qu'ils viennent payer par une pénitence ; leur « **charma** ».

Et, ceux-là qui n'ont pas trop fait du mal, pourront revenir ; mais vivre dans la pauvreté, dans la misère, … Et, c'est aussi, une façon de payer leurs fautes.

Tout cela, pour payer ce qu'on avait fait ici-bas, dans la vie antérieure ; d'où le langage :

« **Tout se paie ici-bas !** »

Mais, loin de tout cela, se trouvent également certaines pensées philosophiques ayant constituées les bases dogmatiques de certaines religions ou sectes.

Telle, la pensée sur l'existence terrestre, en vue d'une certaine purification, pouvant emmener au perfectionnement du mort, afin qu'il accède au Paradis. Et, cela moyennant des offrandes financières ou d'autres natures, ou richesses, etc. Et aussi, en pénitence (ou une façon qui consisterait à se donner ou s'infliger de sortes de punitions, avec pour espoir ; que l'on pourrait être gracié, et admis parmi les pauvres du Paradis. Avec connaissance que les pauvres du Paradis vivent mieux que les pauvres de ce monde.

- Beaucoup de théories sur le Paradis prirent existence.

Alors, l'humanité trouve un moyen l'envoisinant un peu à l'étanchement de sa soif.

Mais, tout ceci appartient soient aux religions, soient aux sectes. Ainsi, chacun d'eux ayant érigé des méthodes d'y parvenir, en a fait des dogmes spéciaux.

D'autres moyens d'accession au Paradis : **Mourir pour les avantages de la religion ou de la secte à laquelle on est membre**, serait un moyen pour entrer dans le Paradis.

- Le Paradis terrestre.

Cette théorie voudrait que, tous les hommes, vivant sur la terre, comprennent que, la vie n'est pas possible ailleurs que sur la terre.

Ainsi, les Etats ayant eu à bien construire l'avenir de leurs peuples ; ces Etats représentent en quelque sorte, des Paradis, sur terre.

Cette façon de voir les choses, à pousser les citoyens des Etats pauvres, d'abandonner leurs Etats, pour aller s'installer dans des pays où, il ferait beau vivre. Et devenir citoyens de ces pays-là. Ceux-ci pensent que, la souffrance serait une punition ; et donc, ils ne sauraient payer une faute non commise.

N.B : On dirait de séjour des morts ; l'endroit où partent les morts. Mais, c'est juste pour un temps. En attendant que le jour du jugement arrive.

REMARQUES TRES IMPORTANTES 1

L'expression séjour des morts, dans la Bible est utilisée depuis dans l'Ancien Testament, ou l'Ancienne Alliance. Et donc, ce qu'il faudrait comprendre ; est que, même dans l'Ancien Testament ; la pensée de la résurrection n'était pas chose étrangère.
Bien que certains n'y croyaient pas.
Car, ils n'avaient jamais entendu quelque chose de pareil, ni vu.
Mais certains héros de la foi, le croyaient. Tels qu'on pourrait citer quelques exemples pour illustrer cela.

- Abraham croyait à la résurrection des morts.

'' C'est par la foi qu'Abraham offrit Isaac, lorsqu'il fut mis à l'épreuve, et qu'il offrit son fils unique, lui qui avait reçu les promesses, et à qui il avait été dit : En Isaac sera nommée pour toi une postérité. ***Il pensait que Dieu est puissant, même pour ressusciter les morts ; aussi le recouvra-t-il par une sorte de résurrection.*** *''* (**Hébreux 11v17-19**).

Aussi, lorsque les humains ; une fois morts, les vivants pensaient, qu'ils devaient se trouver quelques parts, pour attendre la résurrection. Et, ce lieu ; c'est celui qu'ils appelaient le pays des morts, ou le séjour des morts.

- Mais aussi, parmi les Juifs ; il y en avait de ceux qui ne croyaient aucunement sur la résurrection des morts.
Tels que, les Sadducéens ; bien qu'ils priaient tous, dans le même temple ; et confessaient tous, avoir pour Dieu, le même pour tous.

Voir **Matthieu 22v23** : *'' Le même jour,* **les sadducéens, qui disent qu'il n'y a point de résurrection,** *vinrent auprès de Jésus, et lui firent cette question. ''*

Mais, c'est dans le Nouveau Testament, ou la Nouvelle Alliance que, des éclaircissements ont été plus apportés à ce sujet.

Ainsi donc, on va comprendre selon **Apocalypse 20v13** : Qu'il y a des morts qui partent dans le lieu, dit : « **La Mort** » ; il y a des morts qui partent dans le lieu qui se trouve dans « **le Sein** des Mers ; lequel est défini dans le livre de la **Genèse 1v10** : Comme l'ensemble des eaux. Et, dans **le séjour des morts**, comme tel.

Voilà en quelque sorte, les trois endroits reconnus pour lieux où partent les âmes des êtres humains après l'arrêt de la vie du corps humain !

- **Apocalypse 20v13** : '' *La mer rendit les morts qui étaient en elle (1), la mort (2) et le séjour des morts (3) rendirent les morts qui étaient en eux ; et chacun fut jugé selon ses œuvres.* ''

- **Genèse 1v10** : '' *Dieu appela le sec terre, et* ***il (Dieu) appela l'amas (ou l'ensemble) des eaux mers****. Dieu vit que cela était bon.* ''

En fait, les trois endroits ne représentent que, des lieux temporaires ; d'où l'expression : « **Séjour des morts** ».

Alors, il y a un lieu des morts au fond des mers ; il y a un lieu des morts ; appelé : La mort ; et il y a enfin, un autre lieu des morts, appelé : séjour des morts.

Et, ce séjour des morts ; c'est celui-là, qui avait été inauguré par le Christ, lui-même. Et, ce lieu se constitue de deux sites ou territoires :

- **Le lieu des tourments** ; le lieu où partent les âmes des morts qui n'ont pas connu ni servi le Seigneur de leur vivant. Elles sont tourmentées sans repos, ou sans relâche, dans ce lieu.

- **Le lieu de consolation** ou encore **le Paradis** ; le lieu où partent les âmes de ceux qui sont morts en Christ, où elles trouvent une consolation primaire, avant d'entrer dans la gloire qui leur avait été réservée.

N.B : Comme le message dans cet ouvrage ne concerne que les humains ; on ne peut pas aborder le fond, sans pour autant retenir quelque chose sur l'origine et la nature des êtres humains.

Ainsi donc, pour mieux se saisir de cette connaissance ; on verra tout d'abord l'être humain, puis le séjour des morts.

L'HOMME OU L'ÊTRE HUMAIN

Tout être humain tire son existence de l'homme et de la femme ; en dehors d'Adam et d'Ève ; lesquelles sont les bases fondamentales de l'humanité. Ils ont été créés déjà adultes.

Fabriqués s'il faut le dire ; par la poussière de la terre, comme cela est écrit dans le livre de la **Genèse 2v6-7** :

'' *Mais **une vapeur s'éleva de la terre, et arrosa toute la surface du sol. L'Éternel Dieu forma l'homme de la poussière de la terre**, il souffla dans ses narines un souffle de vie et l'homme devint un être vivant.* ''

Ainsi, tout humain debout, ou vivant ; est la composition des trois parties suivantes : L'esprit, l'âme et le corps. L'homme est la constitution des trois parties distinctes ; il est un corps, une âme et un esprit ; comme il est écrit dans le livre de **1 Thessaloniciens 5v23** :

''*Que le Dieu de paix vous sanctifie lui-même tout entier, et que tout votre être, **l'esprit, l'âme** et **le corps**, soit conservé irrépréhensible lors de l'avènement de notre Seigneur Jésus-Christ.*''

Puis que l'homme naît et meure ; certainement son existence part de sa naissance jusqu'à sa mort.

LA NAISSANCE DES HUMAINS

La naissance ; c'est la séparation de l'enfant de l'organisme maternel. Or, pour qu'un humain existe ; les choses ne commencent pas là.

LE COMMENCEMENT DES CHOSES

Les humains, en dehors d'Adam et d'Ève, n'existent plus de la même façon, que Dieu créa leurs deux ancêtres, au commencement.

Il est important de souligner qu'en dehors d'Adam et d'Eve ; il n'y a plus eut l'existence des humains de cette façon-là.

Tous se forment à partir de la fusion des gamètes mâles (ou spermatozoïdes) et des gamètes femelles (ou ovules).

Donc, l'homme participe avec le spermatozoïde et la femme avec l'ovule. Le sperme qui est constitué des têtards, lors de la pénétration, et de l'éjaculation, vont naviguer vers le noyau de l'ovule qui étant seul, bien protégé dans une membrane dite : La membrane ovulaire, attire grâce à la sécrétion de la myéline ; qui est une substance permettant l'orientation des têtards tout autour de la membrane ovulaire.

L'ovule qui contient en son sein, un noyau ovulaire, protégé par une membrane ovulaire. Et, les têtards, ne pouvant trouver leur suite de vie qu'à l'intérieur de cette membrane, forceront de chercher comment y pénétrer pour se sauver.

Et, une fois parvenu ; comme il peut être un têtard ou plusieurs à la fois ; ensuite, la membrane deviendra infranchissable ; le reste des têtards trouveront la mort (ou la destruction) ; ceux qui ne réussiront pas de pénétrer dans cette membrane.

Le ou les têtards qui parviendront à entrer à l'intérieur de la membrane ovulaire ; étant donné qu'ils partent en convergeant tous vers le noyau de l'ovule, chacun d'eux avec son noyau ; ainsi, ils s'attacheront tous au noyau ovulaire, lequel se subdivisera par rapport au nombre des noyaux des têtards. Et va se produire la fusion qui donnera lieu à la fécondation. Et, c'est le début de la formation de la grossesse !
Si c'est un seul têtard ; il y aura une seule naissance !
Et s'il y'en a plus d'un ; il y aura plus d'une naissance !

Il y a un point important à retenir ; c'est que le concourt de l'homme et de la femme n'aboutit qu'à la formation de la chair.
Et si l'Eternel ne place pas l'âme et à l'esprit dans le corps ; celui qui naîtra, ne sera qu'un mort-né. C'est-à-dire ; un corps sans vie.
Etant donné que tout être humain est composé d'un corps, qui est la partie physique ou matérielle, donc visible. Et d'un esprit, qui est l'ensemble de nos pensées et ce qui forme nos idées ; ainsi que de l'âme, qui est l'ensemble de nos sentiments et de nos affections ; lesquels viennent de Dieu. Alors, les parents n'ont de contribution pour la naissance de leurs enfants, que du sang. Mais l'être qui sera logé dans ce corps, les parents ne le connaissent pas. Et, ne le découvriront qu'à la naissance, et lors qu'il deviendra grand.

LE MECANISME DE FORMATION DANS LE VENTRE DE LA FEMME

Le mécanisme de la formation d'un enfant dans le ventre de la femme ; c'est un phénomène qu'aucune médecine du monde ne peut en maîtriser ; sinon qu'en observer, et découvrir en fait, ce qui se passe.
Mais, un seul qui en a la maîtrise ; c'est le Dieu Créateur. **Voir : « Toi qui m'as tissé dans le ventre de ma mère …. Je n'étais qu'une masse informe, etc. ».**

Voir **Psaume 139v13** : *'' C'est **toi qui as formé mes reins, qui m'as tissé** dans le sein de ma mère. ''*

Et, aussi **Psaumes 139v16** : *'' Quand je n'étais qu'une masse informe, tes yeux me voyaient ; et sur ton livre étaient tous inscrits les jours qui m'étaient destinés, avant qu'aucun d'eux existât. ''*

Ainsi donc ; si celui qui est dans le ventre est un méchant ; les parents ne le savent rien, seul Dieu sait ! Un voleur, un destructeur, un bon, un juste, etc. Les parents ne savent rien, c'est Dieu qui le sait. Et c'est à la naissance que le tout commencera à être lu, vu et constater par les sages, par les occultistes avancés. En d'autre terme par les démons. Mais quant aux anges de Dieu ; seuls ceux qui auront à accomplir une mission céleste avec ce dernier, s'il y en a bien sûr, pourront savoir.

Au terme de l'évolution de l'enfant ; lequel se situe entre sept (7) mois à neufs (9), ou 10 et plus de mois, rarement. Le nouveau-né est séparé d'avec sa mère, et entre dans le nouveau monde.

Dans ces premiers temps ; il reste attacher à sa mère, laquelle est l'être qu'il reconnait dans ses sens. Et cela, jusqu'à ce qu'il s'adapte au nouveau milieu ; et du coup, il quitte l'ancien milieu ou monde ; avec tout ce qui est de ce monde-là ; puis entre dans la réalité du nouveau monde. Cela, grâce à une adaptation ou initiation progressive et continue. Aucun être humain ne maîtrise sa croissance. Mais, plutôt, ils sont souvent surpris de la transformation de leurs corps physiques. De-même, aucun être humain n'a de la maîtrise de ce qu'il est. Il est animé d'un genre d'idées, de pensées, lesquelles, ses cohabitant peuvent juger de bon ou de mauvais, et pour autant ; c'est ce qu'il est.
Mais lui-même ne le voit pas ainsi. Il est animé de genre des sentiments et d'affections acceptés ou non par ses cohabitant ; c'est ce qu'il est pour autant ; mais lui-même ne les voit pas de la même manière que les voient les autres.

Et l'homme réel ou naturel ; il n'est pas difficile à connaître. Entre douze ans et trente ans, voilà la période où le caractère d'un humain se place, s'installe librement dans un corps. Et ceci, éducation ou non éducation.
Et souvent, les parents sont surpris par la croissance ou par la manifestation du caractère ou nouveau comportement, pour eux, qu'affiche leurs enfants, contrairement à l'éducation qu'ils leur donnent ; et du résultat contraire à leurs souhaits.

Mais, lorsque les parents sont surpris ; et commencent à chercher parmi leurs enfants, lequel ou lesquels mériteraient leur attachement ; mais pour ceux qui n'en ont qu'un seul, n'auront pas de choix !

Alors, on reste avec son mal de toute la vie.

Toutefois ; Dieu connait parfaitement bien toutes ces créatures, il les maîtrise. Il sait ; celui-ci est fils ou fille du royaume de Dieu ; et celui-là est fils ou fille du malin.

De-même ; Satan et les démons savent que ; celui-ci est de Dieu ; celui-là est de nous. Comme cela se présente, dans les caractéristiques sur **la postérité de la femme et la postérité du serpent** ; dont, la femme ; c'est l'Eglise du Seigneur Jésus-Christ. Donc, l'ensemble des êtres humains qui ont accepté le Christ comme leur Seigneur et leur Sauveur, s'étant repentis, et convertis. Et dont, pour le serpent ; c'est l'ensemble de tout ce que condamne la Bible : Des sectes pernicieuses ; des religions athéistes ; des religions des animistes ; des religions des mélanges Dieu et, contre Dieu ; des associations occultes, etc.

LE TROISIEME MONDE

Si l'on considère les différents lieux où passe leur formation, des êtres humains ; comme des mondes. Alors, nous dirons que le premier monde de l'être humain, c'est le sein maternel ou le ventre de la femme. Et le deuxième monde ; c'est l'univers où il naît : La famille et son entourage. Le troisième monde ; c'est celui où il ira après celui de l'univers.

Mais, pour y aller ; cela n'est possible que grâce à un phénomène détestable : « **La mort** ».

LA MORT DES HUMAINS

Les humains quant à eux ; la mort se résume de plusieurs façons. Mais pour Dieu, l'être humain étant l'ensemble des trois parties que sont : L'esprit, l'âme et le corps ; tel qu'il est écrit dans le livre de **1 Thessaloniciens 5 23** :

*'' Que le Dieu de paix vous sanctifie lui-même tout entiers, et que **tout votre être, l'esprit, l'âme** et **le corps**, soit conservé irrépréhensible, lors de l'avènement de notre Seigneur Jésus-Christ ! ''.*

Ainsi, la mort pour Dieu, le Créateur ; c'est la séparation de ces trois parties. C'est la désunion des trois. L'esprit de sa part, l'âme d'une autre, ainsi que le corps de sa part.

Seulement, la mort peut être perçue par certains êtres humains comme l'arrêt de la vie. Et par là ; ils trouvent que l'homme est arraché du milieu de ses biens. Alors qu'il devait jouir continuellement de ses biens. Fruits de son travail ; de ses mérites, etc. Ceci ; pour des humains qui jouissent de certains avantages sur la terre bien sûr !

Mais aussi, pour les plus démunis ; ce n'est pas par l'effet de la colère pour la mort, mais de pitié mêlée d'un peu de soulagements, car mourir représente pour eux, une certaine délivrance de ce monde, où, tout semble impossible pour eux.

Surtout pour des personnes qui ont eu à beaucoup souffrir ; que ce soit d'une maladie, ou d'une effroyable condition de vie et de santé.

La mort est donc pour les humains une plaie gigantesque, qui ne peut être soignée.

Les humains, pour certains, selon leurs croyances ; pour certains, la mort c'est l'arrêt de la vie dans cet univers, pour aller dans un autre monde. Pour d'autres encore, c'est une perte totale ; une disparition dont aucune suite ne serait probable.

Et de la sorte ; ils sont très malheureux, ceux qui ont vécu sans jouir de la vie sur terre.

Pour certains encore ; ceux-ci sont allés ou partent quelques parts ; puis reviendront de nouveau, vivre dans cet univers. Et, lors de ce nouveau retour, la vie qu'ils mèneront dans cet univers sera soldé soit par la pénitence, soit par une quelconque forme de récompense. Ainsi, certains méchants reviendront comme des oiseaux, des reptiles, des poissons, des moustiques, des grenouilles, des singes, en bref des animaux. D'autres comme des oiseaux. Et certains enfin comme des plantes, etc. Et donc, comme un cycle, ou une chaine alimentaire. Et, de cette façon, ils paieront ce qu'ils auront fait dans leur vie antérieure, ou leur vie d'avant.

Mais pour Dieu ; la mort des humains ; c'est la séparation de ces trois différentes parties qui leur composent. C'est-à-dire ; le corps à part, l'esprit à part et l'âme de même à part.

''Avant que la poussière retourne à la terre (ou le corps), comme elle y était, et que l'esprit retourne à Dieu qui l'a donné.'' (Ecclésiaste 12v9).

Le corps étant pris de la poussière ; il retournera en ce moment-là, poussière. Et, c'est ce que l'on voie, lorsqu'un être humain meurt. Car, le corps humain à ce stade est appelé à subir la putréfaction. Les décomposeurs, lesquels sont des formes d'insectes, dont le rôle, lié à leur façon de vivre ; c'est de décomposer certaines choses. Et donc, c'est grâce à leur action, que le corps retournera poussière.

Et, l'esprit, étant invisible, à nos yeux physiques ; on ne peut savoir ou connaître sa finition ; si personne ne nous la révèle, et s'il n'est lui-même révélé di Créateur.

C'est pourquoi, considérant le passage lu ; on peut être emmené à comprendre que, l'esprit de l'homme vient de Dieu ; et donc, c'est lui qui le récupère, par l'entremise de ses anges appropriés, lors de cette séparation.

LA CONCEPTION DIVINE SUR L'ARRÊT DE LA VIE

Il y a une chose très importante qu'il faudrait retenir ; c'est que, ce que les humains considèrent comme la mort ; Dieu ne la considère point de la même façon.

Dieu considère la mort comme un simple sommeil.

C'est pourquoi ; on pourrait constater ce qui va s'en suivre ; en tenant compte de quelques points pour illustrations.

- Il y avait, lors du Seigneur Jésus-Christ, un grand personnage emblématique du Nouveau Testament, le chef d'une synagogue ; ce monsieur se nommait Jaïrus. Ce dernier viendra solliciter le secours du Seigneur Jésus-Christ ; car sa petite fille était à l'extrême.

Pour les hommes qui vivaient avec monsieur Jaïrus ; la fille de celui serait morte, pendant juste, le temps qu'il venait à peine de quitter chez lui.

Alors, l'un d'eux va le rejoindre le plus tôt possible, pour lui dire finalement : Ta fille vient de perdre l'âme. Donc, inutile de déranger le Seigneur !

Voir **Luc 8v49** : *'' Comme il parlait encore, survint de chez le chef de la synagogue quelqu'un disant :* ***Ta fille est morte ; n'importune pas le maître.*** *''*

- Mais pour le Maître ; la fille n'est pas morte ; mais qu'elle était en train de dormir !

Voir **Luc 8v52** : *'' Tous pleuraient et se lamentaient sur elle (la fille).* ***Alors Jésus dit : Ne pleurez pas ; elle n'est pas morte, mais elle dort.*** *''*

Il en est de même pour Lazare, celui donc, l'unique garçon entre deux femmes ; Marthe et Marie, lorsqu'il fut mort, de la mort de l'arrêt de la vie terrestre. Les sœurs de Lazare, ainsi que la famille, et les connaissances ; pour eux tous ; Lazare était mort. Car, ils l'avaient déjà aussi enterré.

Voir **Jean 11v21** : *'' **Marthe dit à Jésus : Seigneur, si tu eusses été ici, mon frère ne serait pas mort.** ''*

- Pour le Seigneur Jésus-Christ ; Lazare n'était pas mort, il dormait. C'est ce qu'il va informer aux disciples qui étaient avec lui, dans le lieu où, ils devaient se trouver en voyage. Il le leur informe. Cependant, personne ne vient encore vers eux, pour leurs informer de la mort tragique de l'un des leurs ; Lazare.

Voir **Jean 11v11,13** : *'' Après ces paroles,* ***il leur dit : Lazare, notre ami, dort ; mais je vais le réveiller.*** *''*

N.B : Il arrive à la tombe de Lazare ; les gens lui défendirent ; disant : Qu'on n'ouvre pas la tombe, car ; il devait déjà faire quatre jours, depuis qu'il y était placé.

Et donc, il sentait déjà. Mais, lui, insiste que la tombe de Lazare soit ouverte. Et, la tombe était ouverte !

Puis d'une voix forte ; il appelle Lazare ! Et ce soit disant mort, entendit la voix du Seigneur Jésus-Christ. Et, il sortit de la tombe.

Voir **Jean 11v39,43,44** : *'' Jésus dit : Ôtez la pierre. Marthe, la sœur du mort, lui dit : Seigneur, il sent déjà, car il y a quatre jours qu'il est là.*

Ayant dit cela, il (Jésus) cria d'une voix forte : Lazare, sors ! Et le mort sortit, les pieds et les mains liés de bandes, et le visage enveloppé d'un linge. Jésus leur dit : Déliez-le, et laissez-le aller. ''

N.B : Tout comme les hommes pensent dans leur interprétation des Ecritures, au sujet d'Adam, lorsque Dieu fit tomber un profond sommeil sur lui.

Voir **Genèse 2v21** : *'' Alors l'Éternel Dieu fit tomber un profond sommeil sur l'homme, qui s'endormit ; il prit une de ses côtes, et referma la chair à sa place. ''*

Ce profond sommeil dont Dieu fit dormir le premier homme ; pour Dieu ; c'est ce que les humains appellent communément par « **la mort** ». Ainsi, la mort des humains est pour Dieu : un état de sommeil.

Les éminents Apôtres de notre Seigneur Jésus-Christ entant que des personnes ayant la connaissance de la doctrine du Seigneur, ils n'avaient point peur de la mort. Ainsi, de la même façon que leur Maître appelait ce phénomène de la mort sommeil ; eux de même l'appelaient : « **Sommeil** ».

On peut encore voir dans le livre de **1Thessaloniciens 4v13** :

'' Nous ne voulons pas, frères, que vous soyez dans l'ignorance au sujet de ceux qui dorment, afin que vous ne vous affligiez pas comme les autres (ceux qui ne connaissent pas Dieu) qui n'ont point d'espérance. ''

Donc, la mort, comme arrêt définitive de la vie sur terre ; n'est pas un phénomène surprenant pour le Créateur. Il l'a fait ainsi, et cela restera la même, jusqu'à ce que son terme sera venu. Et, ceux qui ne croit pas en Dieu, ceux qui ne savent rien de cette connaissance ; ils ont leur façon propre à eux de comprendre ce phénomène. Il est vrai, aussi vrai ; et, on ne peut le nier ; nombreux des croyants ne savent pas grand-chose en ce qui concerne la mort. Et, nous pouvons le remarquer dans nombreux des cas de décès que l'on enregistre souvent dans nos milieux de vie. Ainsi, pour mieux comprendre la mort ; il faudrait s'approcher de celui qui en est le créateur !

Et, comme pour certains mauvais commentateurs des Saintes-Ecritures font à leur honte, disent : Que, Jésus est un homme ; car, il avait pleuré Lazare, suite à sa mort !
Lazare n'est pas le problème de Jésus ; mais les cœurs de ceux qui étaient là, au deuil de Lazare !
Ainsi, de la même façon que disent les adversaires de Jésus aujourd'hui : Voyez ! S'il était Dieu ; comment pleure-t-il comme les hommes ?
Seulement ; ce qui est regrettable ; après avoir dit cela ; ils ne disent aussi : Voyez comment, il l'a ressuscité ; donc, il n'est pas un homme !
Jésus était venu pour remettre en existence, un corps en décomposition. Et, c'est ce qu'il dit aux disciples : « **Notre ami Lazare dort, je vais le réveiller !** »

Ainsi par la rapidité de vite tordre les Ecritures ; mais pas la rapidité de les corriger, après l'avoir tordues lorsqu'ils sont repris !
Bon voilà, ils ne disent plus rien. Cela n'est pas nouveau, il en était de-même, avec lui-même, devant les Pharisiens.

Voir **Matthieu 9v11** : *'' Les pharisiens virent cela, et ils dirent à ses disciples : **Pourquoi votre maître mange-t-il avec les publicains et les gens de mauvaise vie ?** ''*

Voir **Matthieu 9v32-34** : *'' Comme ils s'en allaient, voici, on amena à Jésus un démoniaque muet. **Le démon ayant été chassé, le muet parla.** Et la foule étonnée disait : Jamais pareille chose ne s'est vue en Israël. **Mais les pharisiens dirent : C'est par le prince des démons qu'il chasse les démons.** ''*

Voir **Matthieu 12v2** : *'' **Les pharisiens, voyant cela, lui dirent** : Voici, tes disciples font ce qu'il n'est pas permis de faire pendant le sabbat. ''*

Et aussi, **Matthieu 12v14,15** : *'' **Les pharisiens sortirent, et ils se consultèrent sur les moyens de le faire périr. Mais Jésus, l'ayant su, s'éloigna de ce lieu.** Une grande foule le suivit. Il guérit tous les malades. ''*

Donc, ce n'est pas que, ceux d'aujourd'hui, qui parle mal contre Jésus-Christ. En fait, ce n'est pas eux-mêmes de façon directe ; mais, le diable et les démons utilisent leurs bouches, pour sortir des sottises ; afin que de les condamner, au jour du jugement ; car, il est écrit au sujet de tout ce que disent les gens, ce qui suit :

Voir **Matthieu 12v36-37** : *'' Je vous le dis : **au jour du jugement, les hommes rendront compte de toute parole vaine qu'ils auront proférée.** Car par tes paroles tu seras justifié, et par tes paroles tu seras condamné. ''*

Alors, on ne continuera pas sur les mêmes choses ; poursuivons notre lecture sur la suite du chapitre !

Ceci étant, on peut voir les trois parties de l'être humain ; lorsqu'elles se séparent ; chacune part dans son lieu de destination. Ainsi :

LE CORPS HUMAIN A LA MORT

Le corps qui est la partie physique des êtres humains, celle qui permet l'identification d'un être humain dans ce monde ; celui-ci, à la séparation, repart dans la poussière.

Voir **Genèse 3v19** : *'' C'est à la sueur de ton visage que tu mangeras du pain, jusqu'à ce que tu retournes dans la terre, d'où tu as été pris ; car tu es poussière, et tu retourneras dans la poussière. ''*

Et aussi : Voir **Ecclésiaste 12v9** : *'' Avant que la poussière retourne à la terre, comme elle y était, et que l'esprit retourne à Dieu qui l'a donné. ''*

Le corps humain a été créé avec de la poussière de la terre, à son origine ; tel, il est écrit dans la **Genèse 2v6,7** :

*'' Mais une vapeur s'éleva de la terre, et arrosa toute la surface du sol. L'Éternel **Dieu forma l'homme de la poussière de la terre**, il souffla dans ses narines un souffle de vie et l'homme devint un être vivant. ''*

Beaucoup de gens se demandent : Mais, comment, on ne voit pas de la poussière sur nous ? C'est simple !

C'est à la mort, qu'il faudrait clairement le voir, lors de la décomposition de celui-ci ! Et même, même ; sans qu'il y ait de la poussière, ou autres relative à cela ; si un être humain ne se lave pas pendant un temps donné ; les cellules mortes laissent voir de la saleté, et sur le corps, et sur les vêtements. Ceci montre à suffisance ; que l'humain est de terre.

Souffler voulant dire : « **Mettre** » ; alors, Dieu avait donc mis dans le corps qu'il avait créé de la poussière de la terre ; un souffle de vie. Et, le souffle de vie représente l'âme, avec son esprit qui l'accompagne toujours, lorsqu'elle doit demeurer dans un corps humain. Mais, au départ, ce corps était inanimé !

En somme, tous les humains sur la terre sont soumis à des mêmes réalités. Ils obtiennent en bien ou en mal les mêmes choses. Et cela part en souvenir avec les autres parties de l'être humain. Et, le corps, sans les autres parties, ne peut plus exister.

Voir **Ecclésiaste 9v5,6** : *'' Les vivants, en effet, savent qu'ils mourront ; mais **les morts ne savent rien**, et il n'y a pour eux plus de salaire, puisque leur mémoire est oubliée. Et **leur amour, et leur haine, et leur envie, ont déjà péri** ; et **ils n'auront plus jamais aucune part à tout ce qui se fait sous le soleil**.''*

Les humains ne meurent pas seulement, parce qu'ils doivent mourir. Mais, lorsque le plan de Dieu s'accompli dans leur vie, en ce qui concerne le dernier jour, selon les limites que Dieu avait eu à assigner pour la vie terrestre de ce dernier ; il doit mourir, vouloir ou non !
Mais, le chemin par lequel la mort va arriver ; c'est celui-là que les gens ignorent souvent.

Voir **Actes 17v26** : *'' Il a fait que tous les hommes, sortis d'un seul sang, habitassent sur toute la surface de la terre, **ayant déterminé la durée des temps** et les bornes de leur demeure. ''*

Et, dans le livre des **Psaumes 139v16** :

*'' **Quand je n'étais qu'une masse informe**, tes yeux me voyaient ; et **sur ton livre étaient tous inscrits les jours qui m'étaient destinés**, avant qu'aucun d'eux existât. ''*

Voilà, la longévité n'est pas un fait de pur hasard !
Mais, elle peut être courtée ; et ce, par des maux qui nuisent. Ils peuvent être causés par plusieurs faits.

LES CAUSES DE LA MORT DU CORPS

Les humains peuvent mourir de plusieurs façons, et c'est très important de savoir ces choses ainsi : Un être humain peut mourir lors du vieillissement des organes qui composent le corps de l'homme. C'est ce qu'on n'arrive pas souvent à comprendre. Lorsqu'une personne aurait 50 ans ; cela voudrait dire que, tous les organes de son corps ont 50 ans. Les dents 50 ans, la langue 50 ans, les yeux 50 ans, les pieds 50 ans, les mains etc. ça doit se compter, à partir de la naissance d'un être humain.

Ainsi, par excès de l'âge, un être humain peut trouver la mort.

La mort du corps peut aussi avoir lieu, par le fait d'un assassinat ; et cela peut se faire avec l'arme blanche ou à feu, le poison, etc. La mort du corps peut aussi avoir lieu par accident ; c'est-à-dire, par une faute dont la cause pourrait être, une faute provoquée par lui-même, ou encore, provoquer par une tierce personne.

La mort du corps peut aussi avoir lieu par le fait d'un suicide, causer par des problèmes débordés, pour lesquels la personne se sent au bout de tout. Alors, la dernière option pour elle ; la mort. Mais, cette mort peut encore avoir lieu par le fait d'une famine, d'une maladie (épidémies, ou pandémies), etc.

Ce qui est vrai ; le corps humain a le même sort que celui d'une bête. La chair se métamorphose et devient poussière. Il en est de même pour tout le reste des chairs (la faune).

*''Car **le sort des fils de l'homme et celui de la bête sont pour eux un même sort ; comme meurt l'un, ainsi meurt l'autre,** ils ont tous un même souffle, et la supériorité de l'homme sur la bête est nulle ; car tout est vanité. Tout va dans le même lien, **tout a été fait de la poussière, et tout retournera à la poussière.''** (Ecclésiaste 3v19-20).*

Le corps mort, ne respire plus, les yeux ne voient plus, il ne parle plus, il ne sent plus rien, il n'a plus de mémoire. Du coup, le corps devient de l'ordure, il faudrait s'en débarrasser. Car, il devient un cadavre !

Le cadavre n'a plus de contact avec le monde physique, ni avec les humains restés en vie.

*''Comme **il est sorti du ventre de sa mère, il s'en retourne nu ainsi qu'il était venu, et pour son travail il n'emporte rien** qu'il puisse prendre dans sa main.'' (Ecclésiaste 5v14).*

Le corps mort ne connait ni ne reconnait plus rien, ni douleur, ni haine, ni ce qui pouvait lui appartenir, ni ce qui était pour les autres. Le corps mort n'a plus aucun souvenir.

*''**Les vivants, en effet savent qu'ils mourront ; mais les morts ne savent rien,** et il n'y a pour eux plus de salaire, puisque leur mémoire est oublié. Et leur amour, et leur haine, et leurs œuvres, ont déjà péri ; et **ils n'auront plus jamais aucune part à tout ce qui se fait sous le soleil.''** (Ecclésiaste 9v5,6).*

Tous les rites que l'on fait sur un cadavre n'est que rien ! L'habiller de riches vêtements, le maquillé, lui raser (tandis que plus rien ne se reproduira en lui), lui donner des honneurs, le placer dans un cercueil cher ou moins cher, ou l'enterrer sans cercueil ; il n'y a pour lui, ni plus ni moins. Ce ne sont que les vivants qui se tracassent selon leurs croyances ; mais en vain ; c'est de l'ignorance. Même ce que font certaines religions ou traditions sur un mort ; laver ou non laver n'a rien de plus ni rien de moins puisqu'après-là ; tout va pourrir et devenir poussière ; Voilà, le sort du corps humain.

La chair de l'homme pourrie, se décompose, et redevient poussière en premier, et cela, grâce au grand et formidable travail des bactéries. Ils sont maîtres dans le domaine de la décomposition. Ainsi, plusieurs preuves de traitements inhumains que l'on fait sur les corps en Afrique, en Asie, en Europe, en Amérique et en Océanie par exemple ; montrent que, le corps, quand il est mort ; il n'y a plus rien à en espérer. Seulement, après avoir tout fait, les pensées de l'homme repartent aux croyances pernicieuses.

N.B : Là, où, l'on a bien compris l'inutilité d'un corps mort, on peut donc aborder la question sur l'esprit de l'homme.

L'ESPRIT DE L'HOMME A LA MORT

L'esprit qui est l'ensemble de nos pensées (les bonnes et les mauvaises) et ce qui forme nos idées (les bonnes et les mauvaises). A la séparation ou l'arrêt de la vie terrestre ; l'esprit repart à Dieu qui l'avait donné ou prêté à l'être humain. C'est-à-dire ; que Dieu récupère son esprit, lequel permettait à son possesseur d'en utiliser pour des raisons liées à la vie terrestre.

Voir **Ecclésiaste 12v9** : *'' avant que la poussière retourne à la terre, comme elle y était, et que **l'esprit retourne à Dieu qui l'a donné**. ''*

N.B : Lorsque l'esprit repart à Dieu ; à la naissance d'une autre personne ; Dieu peut lui donner le même esprit, selon qu'elle ait une même mission que la précédente, ou un même caractère.

Tel qu'on peut le voir chez Jean Baptiste, à qui Dieu avait donné le même esprit qui était avec Elie, le prophète. Car, leurs missions étaient presque la même, bien que cela soit faite en différent temps. Cela voudrait dire ; que les mêmes pensées et les mêmes idées qui animaient Elie, le Tishbite ; c'étaient les mêmes qui animaient aussi Jean Baptiste.

Or, du temps du roi Achab ; le peuple d'Israël avait abandonné l'Eternel, à cause de leur roi, qui avait épousé une femme étrangère. Etrangère dans la vie de Dieu, et étrangère à la croyance en Dieu. Et, il était obligé au peuple, de célébrer des cultes en l'honneur de Baal, et d'Astarté. Les divinités de la femme du roi Achab.

Voir **1 Rois 18v23- 40** : *'' Que l'on nous donne deux taureaux ; qu'ils choisissent pour eux l'un des taureaux, qu'ils le coupent par morceaux, et qu'ils le placent sur le bois, sans y mettre le feu ; et moi, je préparerai l'autre taureau, et je le placerai sur le bois, sans y mettre le feu. Puis invoquez le nom de votre dieu ; et moi, j'invoquerai le nom de l'Éternel.* **Le dieu qui répondra par le feu, c'est celui-là qui sera Dieu.** *Et tout le peuple répondit, en disant : C'est bien ! ...*

Ils invoquèrent le nom de Baal, depuis le matin jusqu'à midi, en disant : Baal réponds nous ! Mais il n'y eut ni voix ni réponse... *3Élie dit alors à tout le peuple : Approchez-vous de moi ! Tout le peuple s'approcha de lui. Et Élie rétablit l'autel de l'Éternel, qui avait été renversé... Il arrangea le bois, coupa le taureau par morceaux, et le plaça sur le bois. Puis il dit : Remplissez d'eau quatre cruches, et versez-les sur l'holocauste et sur le bois. Il dit : Faites-le une seconde fois. Et ils le firent une seconde fois. Il dit : Faites-le une troisième fois. Et ils le firent une troisième fois. L'eau coula autour de l'autel, et l'on remplit aussi d'eau le fossé. Au moment de la présentation de l'offrande,* **Élie, le prophète, s'avança** *et dit : Éternel, Dieu d'Abraham, d'Isaac et d'Israël ! que l'on sache aujourd'hui que tu es Dieu en Israël, que je suis ton serviteur, et que j'ai fait toutes ces choses par ta parole ! Réponds-moi, Éternel, réponds-moi, afin que ce peuple reconnaisse que c'est toi, Éternel, qui es Dieu, et que c'est toi qui ramènes leur cœur !* **Et le feu de l'Éternel tomba, et il consuma l'holocauste, le bois, les pierres et la terre, et il absorba l'eau qui était dans le fossé. Quand tout le peuple vit cela, ils tombèrent sur leur visage et dirent : C'est l'Éternel qui est Dieu ! C'est l'Éternel qui est Dieu !** *Saisissez les prophètes de Baal, leur dit Élie ; qu'aucun d'eux n'échappe ! Et ils les saisirent. Élie les fit descendre au torrent de Kison, où il les égorgea. ''*

Voilà, c'est la même mission que va avoir Jean Baptiste, pour emmener les enfants d'Israël à l'Eternel leur Dieu.

Voir **Luc 1v13,17** : *'' Mais l'ange lui dit : Ne crains point, Zacharie ; car ta prière a été exaucée.* **Ta femme Élisabeth t'enfantera un fils, et tu lui donneras le nom de Jean. Il marchera devant Dieu avec l'esprit et la puissance d'Élie,** *pour ramener les cœurs des pères vers les enfants, et les rebelles à la sagesse des justes, afin de préparer au Seigneur un peuple bien disposé. ''*

L'esprit étant le lieu où logent l'intelligence, la sagesse, la force, etc. ne se manifeste dans sa partie composante de l'être humain que, sous forme de la pensée et des idées.
Il peut être comparé à une boîte des données ; un programme qui contient beaucoup d'éléments ou sujets soumis à l'exploitation par l'être humain en qui cet esprit constitue la

composante. L'esprit est identifié au cœur de l'homme, parce qu'il joue aussi le rôle de centrifugeur des pensées et des idées : Les bonnes et les mauvaises, comme pour l'appareil circulatoire ; les deux couleurs de sang. Ainsi, peut se manifester les justes et les méchantes. Ainsi, on peut lire dans le livre des **Proverbes 19v21** :

'' *Il y a dans le cœur (l'esprit) de l'homme beaucoup de projets (pensées et idées), mais c'est le dessein de l'Éternel qui s'accomplit.* ''

Mais aussi, dans le livre de **Marc 7v21-23** :

'' *Car c'est du dedans, c'est du cœur des hommes, que sortent les mauvaises pensées, les adultères, les impudicités, les meurtres, les vols, les cupidités, les méchancetés, la fraude, le dérèglement, le regard envieux, la calomnie, l'orgueil, la folie. Toutes ces choses mauvaises sortent du dedans, et souillent l'homme.* ''

Et il soumet toutes ces informations à l'appréciation de l'âme, Car, c'est elle qui peut donner au corps l'ordre d'exécuter quoi que ce soit. L'esprit de l'homme ne pèche pas, et ne meurt pas.

De la manière dont il est créé, il ne se fatigue pas, et ne se repose pas. Il fonctionne aussi longtemps que l'être humain est en vie. Tel, il est écrit dans le livre de **Matthieu 26v41** :

''*Veillez et priez, afin que vous ne tombiez pas dans la tentation ; l'esprit est bien disposé (fort), mais la chair est faible (se fatigue).* ''

L'esprit de l'homme fonctionne grâce aux cinq organes de sens suivants : les yeux, les oreilles, la peau, la langue, le nez.

* Les yeux mettent en mouvement l'esprit. Car c'est lui qui servira à mettre en action la pensée ou les idées pour soumettre le produit de son travail à l'âme.

Ainsi, avec les yeux ou l'œil ; l'esprit discerne et distingue toutes choses. Tel qu'on pourrait lire dans le livre d'**Ecclésiaste 6v9** :

'' *Ce que les yeux voient est préférable à l'agitation des désirs (pensées, sentiments, et autres) : c'est encore là une vanité et la poursuite du vent.* ''

* Les oreilles mettent aussi l'esprit en fonctionnement, par-rapport aux bruits qu'elles capturent, par le moyen de tout ce qui raisonne : Les voix, les sons, etc. Toutes les informations du son enregistré par l'oreille, permet à l'esprit d'émettre des pensées ou des idées. Le son d'une arme en détonation peut permettre à l'esprit de distinguer de quelle

catégorie d'armes peut-il s'agir. Par le son (ou la voix d'une personne) ; l'esprit distingue s'il s'agit d'une femme ou d'un homme ; d'une grande personne ou, d'un petit enfant ; d'une fille ou d'un garçon. Il en est de-même, s'agissant des véhicules et des motos, voiture et camion ; les oiseaux, le bétail et autres.

Ainsi, on peut conclure, que par ce que les oreilles capturent, produisent des réactions au niveau de l'esprit. Tel que, ce qu'entendu Gédéon.

Voir **Juges 7v15** : *'' Lorsque **Gédéon eut entendu le récit du songe et son explication,** il se prosterna, revint au camp d'Israël, et **dit : Levez-vous, car l'Éternel a livré entre vos mains le camp de Madian.** ''*

C'est textuellement, la même chose que la foi. Elle vient de ce qu'on entend.

Voir **Romains 10v17** : *'' Ainsi **la foi vient de ce qu'on entend**, et ce qu'on entend vient de la parole de Christ. ''*

* A partir du nez ; l'esprit est mis en mouvement dès lors que le nez capture une odeur. Alors, l'esprit commence à distinguer sur ce qu'il s'agit. A savoir elle est bonne ou mauvaise ; violente et suffoquent, etc. En cela, il peut distinguer de quelle odeur s'agit-il. Alors, il émet des idées, soit de se déplacer ou d'y rester ; soit de l'éteindre, ou de la laisser, etc. Et il soumet toutes ces informations à l'âme qui devra dicter au corps la conduite à tenir.

Isaac bénit Jacob, à la place d'Esaü ; à cause de l'odeur qu'il avait senti, avec ses narines.
Voir **Genèse 27v27** : *'' Jacob s'approcha, et le baisa. **Isaac sentit l'odeur de ses vêtements ; puis il le bénit,** et dit : Voici, l'odeur de mon fils est comme l'odeur d'un champ que l'Éternel a béni. ''*

* A partir de la peau ; l'esprit est mis en fonctionnement. Il peut, à partir de l'information sensuelle reçu par frottement ou par touché ; penser sur quel genre de contact, s'agit-il.
Ainsi, il arrive à distinguer de quel contact cela pouvait il s'agir !
D'un corps dur, d'une main humaine ?

Et il se fait des idées sur ce qu'il peut s'agir, et ce qu'il faut faire, puis soumet le produit de son travail à l'âme, qui à son tour, ordonnera ou non au corps d'exécuter, ou d'adopter une position quelconque. C'est ainsi que l'information part dans le sens d'une excitation sensuelle par exemple ; l'esprit donne à l'âme plusieurs idées (la maison, l'hôtel, etc.) ; et à son tour, l'âme apprécie et donne l'ordre ou non au corps d'exécuter, ou pas.
En cas d'une sensation de démangeaison par exemple ; l'esprit émet des pensées et idées de se

gratter. Il soumet rapidement à l'âme, qui doit ordonner au corps de se gratter à la surface où se produit la démangeaison ; jusqu'à ce que l'information sera contraire ; l'esprit pense rapidement et donne rapidement l'information à l'âme, qui ordonnera au corps d'arrêter de se gratter.

A LA MORT DU CORPS

La mort du corps ; c'est l'arrêt du fonctionnement des organes du corps humain. Alors, tout ce qui permet à l'esprit de fonctionner ; ayant suspendu leur fonctionnement ; l'esprit n'a plus de raison de continuer à demeurer avec ce corps. Il se détache pour retourner à Dieu. Voir **Ecclésiaste 12v9** : *''Avant que la poussière retourne à la terre comme elle y était, et que l'esprit retourne à Dieu qui l'a donné.''*

N.B : Lorsque l'esprit repart à Dieu qui l'avait donné ; le même esprit ; Dieu l'utilisera encore dans un autre être humain qui sera formé pour vivre sur la terre.

Mais toutefois, il faudrait savoir que Jean-Baptiste n'était pas le même homme qu'Elie le Tishbite. Jean fut jean, et Elie fut Elie !
Et chacun représente un être différent de l'autre.
Car au jour de la transfiguration du Seigneur Jésus devant les disciples, Pierre, Jacques et Jean ; Moïse avait apparu avec Elie. Et, Elie était Elie, et non Jean Baptiste. Car, les disciples de Jésus connaissaient bien Jean Baptiste. Car, Pierre était frère d'André, lequel était disciple de Jean-Baptiste ; et Jacques, frère de Jean, les fils de ZEBEDEE.

Voir, **Matthieu 17v1-2** : *'' **Six jours après, Jésus prit avec lui Pierre, Jacques, et Jean, son frère**, et il les conduisit à l'écart sur une haute montagne. Il fut transfiguré devant eux ; son visage resplendit comme le soleil, et ses vêtements devinrent blancs comme la lumière. **Et voici, Moïse et Élie leur apparurent**, s'entretenant avec lui. Pierre, prenant la parole, dit à Jésus : Seigneur, il est bon que nous soyons ici ; si tu le veux, je dresserai ici trois tentes, une pour toi, une pour Moïse, et une pour Élie. ''*

N.B : L'esprit est la partie la plus sensible de l'être humain. Il peut facilement s'écarter d'un corps. Même lorsque la personne est encore en vie. Et cela peut être dû à un choc dur. Ce choc pourrait être une douleur atroce ; un choc de pensées ; la cognée avec ou contre un objet dur sur la tête par exemple ; etc.

Lorsque, l'on passe en véhicule sur un dos d'âne ; il y a souvent un mouvement non maîtrisable, qui se passe. Et, l'on sent du coup, comme quelque chose qui se produit. C'est-à-dire ; comme si quelque chose sortait de nous ; de notre corps.

Le retrait de l'esprit, se manifeste aussi dans une crise quelconque. On est à demi mort ; on a perdu connaissance ; on est dans le comas, Etc.

Les manifestations de l'esprit poussent à l'homme de commettre certains comportements qui serait assimilable au péché. Tel que :

- Le passage de **Matthieu 5v28** qui dit :

*''Mais moi, je vous dis que **quiconque regarde une femme pour la convoiter a déjà commis un adultère avec elle dans son cœur** (pensées).''*

Qu'est-ce que convoiter ?

C'est le fait d'avoir un désir ardent de posséder ce qui est à autrui.
Ainsi, cette façon de sentir à l'égard de la femme d'autrui ; emmène déjà à bâtir des stratégies dans son cœur (la pensée et idées). Ici, l'âme est d'accord. Ce qui reste ; c'est accomplir de l'acte. Comment l'adultère dans le cœur ou dans l'esprit ne signifierait-il pas que l'esprit pêche ?
C'est parce que, dans le cœur se trouvent beaucoup de choses ; de bonnes et mauvaises ; comme on pourrait le lire dans ce passage-ci : **Marc 7v21** :

''Car c'est du dedans, c'est du cœur (esprit) des hommes que sortent les mauvaises pensées, les adultères.''

Le cœur de l'homme représente déjà en lui-même, des souillures ; il suffit seulement de murir quelque chose tout en raisonnant, et peut facilement la mettre en pratique. En fait, c'est une sorte de travail que, l'esprit soumet à l'âme. Et, c'est à l'âme de choisir ; si elle va ou ne pas l'accepter, ou de mettre en pratique.
En d'autre terme ; le péché demeure dans l'être humain. Et cet état ne lui est pas original ; mais c'est la seconde nature qui s'était formée en Adam, et pour lequel, l'Evangile est annoncé afin que l'homme s'en détourne durant sa vie d'homme sur la terre, dans le monde. Ainsi, c'est par l'esprit de l'homme, lequel permet à l'homme de pouvoir agir, en tout ce qui concerne la nature humaine.

Voir **1 Corinthiens 2v11** : *'' Lequel des hommes, en effet, connaît les choses de l'homme, si ce n'est l'esprit de l'homme qui est en lui ? De même, personne ne connaît les choses de Dieu, si ce n'est l'Esprit de Dieu. ''*

Et, l'esprit de l'homme, permet à l'homme à d'être en contact avec les autres esprits. Car, Dieu, étant esprit, l'homme ne peut être en contact avec lui que par son esprit.

Voir **Jean 4v24** : *'' **Dieu est Esprit,** et il faut que ceux qui l'adorent l'adorent en esprit et en vérité. ''*

Et, les anges de Dieu sont également des esprits.

Voir **Hébreux 2v7** : *'' Et **auquel des anges** a-t-il jamais dit : Assieds-toi à ma droite, jusqu'à ce que je fasse de tes ennemis ton marchepied ? **Ne sont-ils pas tous des esprits** au service de Dieu, envoyés pour exercer un ministère en faveur de ceux qui doivent hériter du salut ? ''*

De cette façon ; que ce soit Dieu lui-même, que ce soient ses anges ; ils peuvent entrer en contact avec l'être humain, grâce à sa partie spirituelle. Il en est de même, pour Satan le diable, et ses démons. Ils sont tous aussi des esprits. Bien qu'ils soient des esprits impurs. Ils ne peuvent entrer en contact avec l'homme que, grâce à cette partie spirituelle des êtres humains.

Lorsque Satan entra dans Judas Iscariot, pour le pousser à vendre, ou livrer Jésus, Il était entré en contact avec son esprit.

Voir **Jean 13v27** : *'' Dès que le morceau fut donné, **Satan entra dans Judas**. Jésus lui dit : Ce que tu fais, fais-le promptement. ''*

En entrant dans Judas ; il va lui inspirer les pensées de livrer, ou vendre Jésus.

Voir Jean 13v2 : '' Pendant le souper, lorsque **le diable avait déjà inspiré au cœur** (l'esprit ou pensée, ou idée) de Judas Iscariot, fils de Simon, le dessein de le livrer. ''

Ainsi, il est désormais clair ; que grâce à l'esprit de l'homme ; que ce soit Dieu, ses anges ou Satan avec ses anges, peuvent entrer en contact avec l'être humain.

Ayant longuement parlé de l'esprit, l'une des parties qui compose l'être humain ; à présent, on peut aborder la dernière partie ; celle qui est l'âme. La chair ou le corps redevient poussière ; l'esprit repart à Dieu ; mais L'âme ?

L'ÂME DE L'HOMME A LA MORT

L'âme ; c'est l'ensemble de nos affections ; ce qui forme nos sentiments. A la séparation, ou l'arrêt de la vie terrestre ; l'âme part dans son lieu.

A la mort ; l'on constatera par rapport à ce que l'on a d'abord vu ; que toutes les parties constituantes de l'être humain se séparent chacune à une destination précise.
Ce qui voudrait dire que, l'âme aussi a une destination. Mais, il conviendrait tout premièrement de parler de l'âme.

LA NATURE DE L'ÂME

L'âme entant que partie invisible de l'être humain ; elle ne peut être vu ni par les appareils de laboratoire, lesquels permettent de détecter les microbes, ou les virus, ou autres choses, s'ils en existent. C'est-à-dire ; les corps invisibles à l'œil humain.
L'âme ; c'est la vie. Et la Bible d'une part, présente l'âme comme une matière qui se trouve dans le sang, tel qu'on pourrait lire dans **Genèse 5v5** :

'' Sachez-le aussi, je redemanderai le sang de vos âmes, je le redemanderai à tout animal ; et je redemanderai l'âme de l'homme à l'homme, à l'homme qui est son frère. ''

Et encore :

Voir **Lévitique 17v14** : *'' Car l'âme de toute chair, c'est son sang, qui est en elle. C'est pourquoi j'ai dit aux enfants d'Israël : Vous ne mangerez le sang d'aucune chair ; car l'âme de toute chair, c'est son sang : quiconque en mangera sera retranché. ''*

N.B : C'est grâce à l'âme qu'un être humain peut exprimer des sentiments, et de l'affection. Ainsi donc, aimer, choisir, s'attacher ou désintéresser ; c'est le devoir ou le travail qui concerne uniquement l'âme. Or, aimer ; c'est avoir de l'affection pour quelqu'un, pour quelque chose, etc. L'âme se manifeste également, lorsque, nous émettons des choix. Tel que, je veux ceci, ou je veux cela. Cette façon de faire dépend du consentement lié à l'âme. Et, grâce à l'âme, on peut s'attacher aux autres humains, tout comme aux choses de la nature ; bêtes, et bien autres. C'est grâce donc à l'âme, qu'on peut dire oui ou non ! Accepter ou refuser. Et, lorsque le corps humain se sépare de l'âme, le corps ne peut plus manifester toutes ces choses. Et, on parlera à la manière des humains ; de « la mort ». Car, lorsque l'âme est absente du corps humain ; le corps est mort.
Tel, on peut le lire dans l'épître de **Jacques 2v26** :

*'' Comme **le corps sans âme est mort**, de même la foi sans les œuvres est morte. ''*

En ce qui concerne donc, la nature de l'âme ; l'on devrait noter que, l'âme s'exprime, en se manifestant au travers du corps humain. C'est-à-dire ; que tous les désirs de l'âme s'expriment dans le corps humain. Si bien donc, il est difficile, ou impossible de les distinguer, étant dans l'ignorance. Car, lorsqu'on est ignorant ; tout ce qui se passe, ne se distingue pas. On ne sait pas si c'est l'âme qui est en train de se manifester, ou c'est le corps. C'est ainsi que, celui qui a cette connaissance, sait que, ce que, je suis en train de faire ; c'est la volonté de mon âme !

Parfois, il peut arriver à sentir en soi, comme s'il y a en moi, un manquement ; comme s'il y avait quelque chose qui n'allait pas, etc.

C'est pratiquement de cette façon-là, qu'elle s'exprime. D'où, plusieurs options sont prises : **Ecouter la musique, adresser des prières à Dieu, chercher une compagnie, aller se distraire, etc.**

Toutes ces choses font parties des sentiments qui sont dans l'âme. Et, il suffit que l'esprit, qui, par des idées ou des pensées, arrive à suggérer une pensée, ou une idée0 à l'âme, et si l'âme accepte ; elle donne l'ordre au corps, et le corps accomplit la chose.

Ainsi, on va voir en quelques exemples, les expressions de l'âme, à partir de quelques passages bibliques suivants :

En effet :

- *'' Car il a satisfait **l'âme altérée**, il a comblé de biens **l'âme affamée. Leur âme avait en horreur toute nourriture**, et ils touchaient aux portes de la mort. ''* (**Psaumes 107v9,18**).

L'âme a soif, et elle boit ce qui peut lui étancher la soif. Et, lorsqu'elle ne prend rien pour étancher sa soif ; elle reste désaltérée. L'âme se nourrit, tout comme le corps humain se nourrit. Et, elle mange. Et, lorsqu'elle ne mange pas ; elle reste afaimer. Il y a de même, des genres de nourritures qui sont nécessaires à l'âme. La nourriture de l'âme se consomme en écoutant, la parole de Dieu ; tel, il est écrit :

*'' Pourquoi pesez-vous de l'argent pour ce qui ne nourrit pas ? Pourquoi travaillez-vous pour ce qui ne rassasie pas ? **Écoutez-moi donc, et vous mangerez ce qui est bon, et votre âme se délectera de mets succulents**. ''* (Esaïe 55v2).

C'est de la même façon qu'on peut lire dans le livre de **Matthieu 4v4** : *'' Jésus répondit : Il est écrit :* **L'homme ne vivra pas de pain seulement, mais de toute parole qui sort de la bouche de Dieu.** *''*

Et aussi : Voir **Esaïe 55v3** : *'' Prêtez l'oreille, et venez à moi, écoutez, et votre âme vivra_: Je traiterai avec vous une alliance éternelle, pour rendre durables mes faveurs envers David. ''*

Toute personne qui écoute la parole de Dieu, reçoit par-là, la nourriture pour son âme. Et, si elle croit à cette parole ; ce qui veut dire ; que son âme a mangé. Et donc, en esprit ; manger et boire, veulent dire tout simplement croire, ou accepter de tout cœur. C'est-à-dire ; être convaincu de la chose, de la parole de Dieu.

Il est donc clair que, l'âme se nourrit !

- *'' O Dieu ! tu es mon Dieu, je te cherche ;* **mon âme a soif** *de toi, mon corps soupire après toi, dans une terre aride, desséchée, sans eau. ''* (**Psaumes 63v2**).

Et aussi : Voir **Psaumes 42v3** : *'' **Mon âme a soif** de Dieu, du Dieu vivant: Quand irai-je et paraîtrai-je devant la face de Dieu ? ''*

L'âme a aussi soif. Et, elle boit, comme lorsque le corps humain est désaltéré, et nécessairement, doit boire. Donc, tant que l'âme ne boit pas, la soif ne lui laisse pas tranquille. Elle sent pratiquement, tout ce que sent le corps, lorsqu'il a soif. Et cela, va se manifester par les comportements que pourront afficher une personne.

Lorsque la Bible parle de la faim et de la soif, d'une part ; cela concerne les paroles de Dieu. Ainsi, on peut constater, la soif de la justice.

Voir **Matthieu 5v6** : *'' Heureux* **ceux qui ont faim et soif de la justice,** *car ils seront rassasiés ! ''*

La justice est aussi une forme de nourriture pour faire vivre l'âme des croyants. L'eau qui arrête la soif du croyant ; ce sont les paroles de Jésus-Christ.

Voir **Jean 6v35** : *'' Jésus leur dit : Je suis le pain de vie. Celui qui vient à moi n'aura jamais faim, et* **celui qui croit en moi n'aura jamais soif.** *''*

Boire, étant donc cette façon-là qui consiste à écouter les paroles de Christ ; on peut lire ce qui suit, dans le livre de **Jean 7v37** :

*'' Le dernier jour, le grand jour de la fête, Jésus, se tenant debout, s'écria : **Si quelqu'un a soif, qu'il vienne à moi, et qu'il boive.** ''*

L'eau du Christ ne tari jamais. Mais au contraire, pour celui qui la boit ; elle devient une source d'eau, qui jaillirait jusqu'à l'éternité. Donc, l'eau de la parole de Jésus-Christ ; c'est une eau éternelle.

Voir **Jean 4v14** : *'' mais **celui qui boira de l'eau que je lui donnerai n'aura jamais soif,** et l'eau que je lui donnerai deviendra en lui une source d'eau qui jaillira jusque dans la vie éternelle. ''*

Alors, l'eau qui étanche la soif pour l'âme ; c'est la parole de Dieu. Et, manquer cette parole ; provoque de la soif, une soif qui ne terminera jamais. Et donc, la soif qu'il est question ici ; il s'agit de la soif de la parole de Dieu, ainsi, la famine qu'il s'agit aussi ici ; concerne la parole de Dieu. A la mort ; cette soif ou cette faim resurgiront dans l'âme de celui qui ne mangeait, ni ne buvait.

Voir **Amos 8v11** : *'' Voici, les jours viennent, dit le Seigneur, l'Éternel, où j'enverrai la famine dans le pays, **non pas la disette du pain et la soif de l'eau, mais la faim et la soif d'entendre les paroles de l'Éternel.** ''*

Et, il est important de savoir ; que la soif et la famine pour l'âme, concerne uniquement, l'absence de la parole de Dieu.

- *'' **Mon âme sera rassasiée** comme de mets gras et succulents, et, avec des cris de joie sur les lèvres, ma bouche te célébrera. ''* (**Psaumes 63v6**).

L'âme aussi arrive à un niveau où, devenue pleine ; elle ne peut plus consommer. Elle arrive au bout de certaines choses. L'âme a des limites.   Ayant compris, de quoi se nourrit l'âme ; on peut aussi comprendre ; que l'âme, après avoir mangé, ou consommé à boire ; elle se rassasie aussi, et étanchée de sa soif.

- *'' Au jour de ma détresse, je cherche le Seigneur ; la nuit, mes mains sont étendues sans se lasser ; **mon âme refuse toute consolation.** ''* (**Psaumes 77v3**).

L'âme aussi souffre. Elle peut être affectée par des choses qui lui font mal, qui lui déplaisent. Et, en ce moment-là, elle refuse d'être consolée. Car, comme par exemple ; comment une âme qui est dans le tourment se manifeste-elle ?
Physiquement, on sent dans le corps, qu'on ne peut plus quoi que ce soit. Et, pour toute

chose ; on trouve que ceci ou cela n'est qu'impossible. On a des douleurs manifestement sur notre corps.

- *'' Je te loue de ce que je suis une créature si merveilleuse. Tes œuvres sont admirables, et mon* **âme le reconnaît** *bien. ''* (**Psaumes 139v14**).

L'âme a la capacité de reconnaître quoi que ce soit. Donc, dans l'âme se trouvent des souvenirs ; les bons et les mauvais, ou encore les neutres ; que tout homme aurait fait, dans ce monde ; ou ce qui nous concerne, ou encore, ce qui ne nous concerne pas. Donc, si dans l'intelligence, on a oublié, ou on peut oublier certaines choses ; cela ne concerne que l'esprit. Mais, quant à l'âme, qui est comme une carte mémoire, ou une bande magnétique ; rien ne peut se perdre ; de tout ce qu'un homme pourrait faire, pendant sa vie ici-bas.

- *'' Car* **mon âme est rassasiée de maux***, et ma vie s'approche du séjour des morts. ''* (**Psaumes 88v4**).

L'âme peut subir le mal (maladies, infirmité, injustices, etc.) lesquels s'abattent sur son corps physique, et alors, affecte l'âme, par le fait qu'ils constituent des handicapes, pour bien mener la vie ici-bas. Ainsi, lorsque les maux s'accumulent ; l'âme ne supporte plus. Alors, elle s'en est rassasiée, et n'en veut plus. Et, elle préfère se séparer du corps. D'où, l'expression : « S'approcher du séjour des morts ». Ainsi, lorsque l'âme est fatiguée ; c'est à ce moment-là que, la mort du corps devient probable. S'il n'y a pas de réconfort ; la personne cède, puis meurt.

- *'' * **Mon âme pleure de chagrin** *: relève-moi selon ta parole ! ''* (**Psaumes 119v28**).

L'âme se sent aussi écœurer. C'est-à-dire ; elle a des soucis, des remords. Et, l'âme pleure aussi. C'est d'ailleurs, la raison pour laquelle, lorsque, les problèmes dépassent ; l'homme peut rendre l'âme. Car, plus, il y a des problèmes qui s'accumulent dans la vie d'une personne ; lesquels, elle n'arrive pas à trouver des solutions ; le goût de vivre a tendance à quitter le corps. Donc, cet état pousse à l'âme de chercher la délivrance d'avec son corps, pour ne plus subir les douleurs qui lui arrivent, du fait d'être dans ce corps. C'est par-là, qu'il y a lieu des séparations ; dites « Morts subites ». C'est-à-dire ; des genres de morts surprises.

- *'' * **Pourquoi t'abats-tu, mon âme, et gémis-tu** *au dedans de moi ? Espère en Dieu, car je le louerai encore ; il est mon salut et mon Dieu. ''* (**Psaumes 42v6**).

L'âme se décourage, elle est déçue ; elle exprime sa souffrance par une voix plaintive. Donc, l'âme parle !

Elle le fait en utilisant la pensée ou l'esprit ; et aussi, et parfois en utilisant la bouche du corps qui l'appartient. L'âme se lamente, si cela s'avère être nécessaire. On ne peut le cacher, sauf, si l'homme se suicide. Mais, aussi longtemps que l'âme se trouve dans cet état ; le chemin le plus proche de l'être humain ; c'est de chercher une personne auprès de qui se confier.

- *'' David avait achevé de parler à Saül. Et dès lors **l'âme de Jonathan fut attachée à l'âme de David**, et Jonathan l'aima comme son âme. ''* (**1 Samuel 18v1**).

L'âme manifeste aussi les sentiments d'amour. Elle peut aussi exprimer les sentiments de rejet. Ainsi, c'est grâce à elle, que les humains peuvent s'attacher, les uns avec les autres. Tel qu'ici, l'âme du fils du roi Saül, s'est attachée à celle de David.
Et, c'est grâce à elle que les amoureux s'attachent les uns les autres. Et, de même les parents pour leurs enfants, et les enfants pour leurs parents.

N.B : Toutes les âmes appartiennent à Dieu.

 Voir **Ezéchiel 18v4** : *'' Voici, **toutes les âmes sont à moi** (c'est-à-dire ; à Dieu, pas aux Eglises locales ou aux familles biologiques, ni à leurs nations, etc.) ; l'âme du fils comme l'âme du père, l'une et l'autre sont à moi ; l'âme qui pèche, c'est celle qui mourra. ''*

L'âme pèche ; et l'âme meurt.

     Puis que l'âme émet un certain comportement ; cela lui rend capable de pécher, soit encore de ne pas pécher. Et donc enfin ; l'âme meurt !
C'est la partie que l'on devra ensuite aborder.

Mais, seulement, tel que vu en amant ; cela montre que l'âme ; c'est l'être qui utilise un corps (le corps humain). Et, c'est au moyen de lui, qu'elle se manifeste, pour s'exprimer dans ce monde qui est matériel. A la mort du corps humain ; l'âme ne meurt pas. Mais, comme les autres parties partent à leurs dernières demeures, chacun de sa part ; l'âme de-même aussi, part à sa dernière demeure. Et, cette dernière demeure pour l'âme est nommée : « **le séjour des morts** ».

Le lieu où partent les âmes des morts, comme l'indique le mot : « Séjour » ; les âmes sont dans ce lieu juste pour un temps. Ce temps-là ; ce n'est que Dieu qui le connait. Aucun des anges de Dieu, ni les démons, ni les humains.
Alors, on peut donc parler du séjour des morts !

LE SEJOUR DES MORTS

Dieu a construit sa création de telle sorte qu'il y ait des cieux, au nombre de trois. Tel, on peut lire dans certains livres, dont on prendra seulement un pour l'illustration.

Voir **Deutéronome 10v14** : *'' Voici, à l'Éternel, ton Dieu, appartiennent **les cieux** et **les cieux des cieux**, la terre et tout ce qu'elle renferme. ''*

Tous ces cieux sont au-dessus de la terre, et la terre au-dessus des eaux, comme il est écrit dans le livre d'**Exode 20v4** :

*'' Tu ne te feras point d'image taillée, ni de représentation quelconque des choses qui sont **en haut dans les cieux**, qui sont **en bas sur la terre**, et qui sont dans **les eaux plus bas que la terre**. ''*

Ainsi, parmi les trois ; les cieux où se trouve le séjour des morts ; ce sont les cieux qui sont plus proches de la terre. Donc le premier des cieux, en partant du bas vers le haut.

Il est encore important de savoir ; que les cieux veulent dire : Le pluriel de ciel. Ainsi, il y a un premier ciel, un deuxième ciel, puis un troisième ciel. Voilà, de quoi sont constitués un des cieux !

Et, puisque, c'est du séjour des morts qu'il est question, du lieu où partent les âmes des humains, à la séparation de tout être humain ; le séjour des morts, par rapport à la disposition des cieux se trouvent au troisième ciel du premier des cieux.

On peut lire dans **2 Corinthiens 12v2-4** ; ce qui suit :

*'' **Je connais un homme en Christ, qui fut, il y a quatorze ans, ravi jusqu'au troisième ciel** (si ce fut dans son corps je ne sais, si ce fut hors de son corps je ne sais, Dieu le sait). Et je sais que **cet homme** (si ce fut dans son corps ou sans son corps je ne sais, Dieu le sait) **fut enlevé dans le paradis**, et qu'il entendit des paroles ineffables qu'il n'est pas permis à un homme d'exprimer. ''*

Pour comprendre donc l'emplacement du séjour des morts par rapport à la demeure sainte du Très-Haut ; le troisième ciel du premier des cieux se trouve en face du troisième des cieux. C'est-à-dire ; en face de la demeure sainte de l'Eternel Dieu.

Tel, il est écrit dans **Proverbes 15v11** :

*'' **Le séjour des morts et l'abîme** (le trou qui sépare le lieu des tourments et le lieu de consolation) **sont devant l'Éternel** ; combien plus les cœurs des fils de l'homme ! ''*

Il est vrai que pour certains ; le séjour des morts ; c'est la tombe ! Mais cela n'est pas vraie ! Le séjour des morts ne concerne que les âmes. Et, l'âme est invisible. Il ne concerne pas le corps qui repart dans la poussière, et l'esprit qui repart à Dieu, comme vu précédemment.

C'est pourquoi, en tenant compte de la lecture dans le livre de **Luc 16v19-26** : *'' Il y avait un homme riche (qui ne craignait pas Dieu), qui était vêtu de pourpre et de fin lin, et qui chaque jour menait joyeuse et brillante vie. Un pauvre, nommé Lazare (qui craignait Dieu), était couché à sa porte, couvert d'ulcères, et désireux de se rassasier des miettes qui tombaient de la table du riche ; et même les chiens venaient encore lécher ses ulcères. **Le pauvre mourut, et il fut porté par les anges dans le sein (territoire ou lieu) d'Abraham. Le riche mourut aussi, et il fut enseveli(enterré). Dans le séjour des morts, il leva les yeux ; et, tandis qu'il était en proie aux tourments (dans le lieu des tourments), il vit de loin Abraham, et Lazare dans son sein. Il s'écria : Père Abraham, aie pitié de moi, et envoie Lazare, pour qu'il trempe le bout de son doigt dans l'eau et me rafraîchisse la langue ; car je souffre cruellement dans cette flamme.** Abraham répondit : Mon enfant, souviens-toi que tu as reçu tes biens pendant ta vie (la vie terrestre), et que **Lazare a eu les maux pendant la sienne ; maintenant il est ici consolé (le lieu de consolation ou le Paradis)**, et toi, tu souffres. D'ailleurs, il y a entre nous et vous un grand abîme, afin que ceux qui voudraient passer d'ici vers vous, ou de là vers nous, ne puissent le faire. ''*

Dans le séjour des morts, il y a deux endroits ou territoires, séparés par un grand trou profond (ou un abîme) :

- L'un ; c'est le lieu des tourments,

- L'autre ; c'est le lieu de consolation, c'est là le Paradis.

Car, lorsqu'on parle du paradis ; c'est simplement une façon de différencier le lieu, où ; il ne fait pas beau vivre, du lieu où, il fait beau vivre. Et, lorsque l'Apôtre Paul parle de l'homme qui s'était élevé au troisième ciel, au Paradis ; il faisait allusion donc à cet endroit-là, où, il fait beau-vivre !

Alors, il sera nettement constaté que, lorsque le Seigneur déclare au brigand de la croix : « Tu seras avec moi dans le Paradis ! » ; il faisait allusion dans le lieu qui se trouve dans le séjour des morts.

Voir **Luc 23v43** : *'' Jésus lui répondit : Je te le dis en vérité, **aujourd'hui tu seras avec moi dans le paradis.** ''*

Hors, lorsque l'on parle du Seigneur mort ; ce qui ne pouvait qu'être dit ainsi ; il était parti dans le séjour des morts pour une mission très spéciale. C'est ce qu'on verra un peu plus tard.

L'entrée des âmes dans le séjour des morts est conditionnée par la conduite que celles-ci auraient affichées devant la parole de Dieu ; étant encore dans le monde physique. C'est pourquoi, on verra les conditions d'orientation dans le séjour des morts ; des âmes qui y partent, ou celles qui n'y partent pas.

L'ORIENTATION DANS LE SEJOUR DES MORTS

Pour que les âmes des humains à leur mort, partent dans le séjour des morts ; il y a d'abord des préliminaires. Et ces préliminaires sont basés sur ce qu'on appelle : « **La loi et les prophètes** », d'une part. Et, « **l'Evangile** » d'autre part. Et donc, il faudrait tout d'abord avoir connaissance de ces préliminaires, et ensuite leurs mettre en pratique. Ainsi, on pourra constater, ce qui suit :

* Ceux qui n'écoutent pas, et ne se convertissent pas par rapport à la loi et les prophètes ; puisque, la loi et les prophètes veut dire : « La loi de Moïse et les écrits des prophètes ». Donc, la loi et les prophètes veut en un mot dire : « L'Ancien Testament », ou « l'Ancienne Alliance », dont la suite ; c'est le message du royaume de Dieu aujourd'hui, ou la doctrine de Christ. Tous ceux-là, leur demeure ; c'est le lieu des tourments.

* Ceux qui écoutent l'Evangile, et se convertissent ; leur demeure ; c'est le lieu de consolation ou le Paradis.

Alors, pour terminer cette partie ; on doit se poser cette question et pour laquelle, on aura la réponse :

1 – Qu'est-ce que le lieu des tourments ?

En réponse à cette question ; le lieu des tourments ; C'est le lieu de tortures, d'affliction, de violentes douleurs. Un lieu où, il n'y a pas de paix, de consolation, de justice. Un lieu où, à tout moment, on entend soit le jugement et la condamnation sont arrivées, soit encore du n'importe quoi.

De tout ce qui rend mal alaise, qui inquiète. Voilà le lieu des tourments. Là, il y a des flammes de feu qui de temps en temps tombent sur ceux qui y sont, pour les bruler, sans les tuer. Car, ils ne peuvent plus mourir quant à la chair. Car, l'âme a été créée pour une durée illimitée.

N.B : C'est là finalement, que partent les âmes qui n'obéissent pas à la voie de Dieu, après la séparation de l'être humain. Ainsi, pendant qu'on écrit sur des objets tels que : Affiches, banderoles, et autres : « **Que ton âme repose en paix !** »
C'est ici le lieu de savoir, si réellement, ces âmes partent pour se reposer en paix, là où, elles partent !

2 – Qu'est-ce que le lieu de consolation ou le Paradis ?

En réponse à cette question ; le Paradis est un lieu de délices, et de bonheur céleste. Et puisque, c'est par ailleurs le lieu de consolation. Alors, il est important de noter que, la consolation ; c'est le soulagement apporté à une affliction, à une peine ; c'est une satisfaction.

N.B : C'est là que partent les âmes de ceux qui obéissent à Dieu, lors de la séparation du corps humain. Et, les hommes (serviteurs et servantes) de l'Eternel, ont pour mission ; de faire de tous les moyens possibles, que les humains, néanmoins, les fils et les filles du royaume ne partent pas dans ce lieu des tourments, après la mort physique, ou la séparation de leur être. C'est donc à cause de cela, que l'on parle du salut pour les âmes.

Pour mieux parler du séjour des morts ; il faut tout centrer à la personne de Jésus-Christ.

A savoir :

Avant la venue de Christ, et après le retour de Christ, dans les cieux.

Alors, pour situer l'avant venue de Christ, et l'après venue de Christ ; il est important de savoir ceci : Avant la venue de Christ est une période qui commence par Adam, jusqu'avant son ascension. Et, après le Christ commence de son ascension jusque de nos jours.

L'AVANT VENUE DE CHRIST

Avant la venue de Christ ; c'est une période qui est caractérisée, par de fortes pressions que le diable exerçait sur l'homme. C'est la période où l'homme subissait une forte crainte de mourir. La crainte établit par Satan le diable, en vue d'empêcher l'homme d'être tranquille, ou d'être heureux. Cette crainte poussait l'homme, de voir comme si, exister devait être une erreur. Et en surcroit ; le diable devait lui montrer ; que, seul lui pouvait être un bon ami pour l'homme. Le seul qui pouvait mieux compatir avec lui. Et cela, à cause du fait que, c'était lui, le diable qui détenait les clefs de la mort (ou le pouvoir, ou encore la puissance), sur le lieu-dit : « La mort ». Et, l'homme par peur de la mort, s'était rendu esclave du diable. Il devait alors, lui obéir, lui servir, le suivre, se soumettre à tout ce que, celui-ci pouvait lui dire. Il profitait du fait que, le Christ, qui devait sauver l'humanité n'était pas encore venu dans le monde physique.

ALORS, QU'EST-CE QUE LE LIEU DE LA MORT ?

La mort ici ; contrairement à celle de l'être humain ; c'est le lieu où partent les âmes des humains après leur mort, ou après la séparation de leur être. C'est donc un lieu réservé à la réception des âmes.

Et, on peut lire cela dans le livre de l'**Apocalypse 20v13** :

*'' La mer rendit les morts qui étaient en elle, **la mort** et le séjour des morts_rendirent les morts qui étaient en eux ; et chacun fut jugé selon ses œuvres. ''*

Avant, les morts, tous étaient considérés comme perdus. C'est-à-dire, dans les périodes qui précédèrent la venue du Seigneur. Car, tous ceux qui étaient mort avant le Christ, partaient dans un lieu, sous une forme de prison.
Car ce lieu était représenté comme une forme de prison. Ainsi, tous ceux qui mourraient, depuis la création du monde, étaient retenus là ! Car, il ne leur était pas permis d'aller quelques parts, ailleurs. Et, cela, jusqu'à ce que vint le Christ, et qu'il anéantit le diable ; lequel avait seul, l'autorité sur le diable, et sur la mort.

En effet, le Christ qui a le pouvoir sur la mort des hommes, et celle des démons ; devait donc anéantir le diable à qui, la clef avait été donnée, pour en fait ravir de lui, ces clefs du lieu de la Mort. Facilement, il ne pouvait pas les lui donner. Alors, il fallait exercer de la force sur lui, pour les récupérer.

Voir **Hébreux 2v14,15** : *'' Ainsi donc, **puisque les enfants participent au sang et à la chair, il y a également participé lui-même, afin que, par la mort, il anéantît celui qui a la puissance de la mort, c'est-à-dire le diable**, et qu'il délivrât tous ceux qui, par crainte de la mort, étaient toute leur vie retenus dans la servitude (ou forme de prison). ''*

N.B : Le lieu de la mort, du fait d'avoir été comme une sorte de prison, comme il est écrit dans **1 Pierre 3v18-20** ; le Seigneur Jésus-Christ s'y était rendu, pour prêcher aux âmes qui se trouvaient là-bas. Afin qu'elles soient sauvées par cette Evangile de la vie. Car, il est écrit :

*'' Christ aussi a souffert une fois pour les péchés, lui juste pour des injustes, afin de nous amener à Dieu, ayant été mis à mort quant à la chair, mais ayant été rendu vivant quant à l'Esprit, dans lequel aussi **il** (Jésus-Christ) **est allé prêcher aux esprits** (ce qui est invisible, ou l'âme) **en prison**, qui autrefois avaient été incrédules, lorsque la patience de Dieu se prolongeait, aux jours de Noé, pendant la construction de l'arche, dans laquelle un petit nombre de personnes, c'est-à-dire, huit, furent sauvées à travers l'eau. ''*

N.B : Dans ce lieu, ne se trouvaient pas seulement les âmes de ceux qui étaient morts pendant le déluge du temps de Noé ; mais aussi, les morts de l'avant déluge, ainsi que, ceux de l'après déluge. Donc, tous ceux de la période qui correspond à celle où, l'Evangile n'était pas encore venu dans le monde. Car, l'Evangile était venu dans le monde par le Christ ; tel qu'on peut le lire dans l'Evangile de **Jean 1v17** :

*'' Car **la loi a été donnée par Moïse, la grâce et la vérité sont venues par Jésus-Christ**. ''*

Or, la grâce et la vérité, représentent l'Evangile.

Ainsi, tous ceux qui n'avaient point reçu l'Evangile, car, au temps précédent le Christ, on ne parlait pas encore de l'Evangile.

Mais toutefois ; ceux qui avaient existé à l'époque pré Evangile ; ceux-là avaient reçu l'Evangile pour le salut de leurs âmes, dans le lieu de la Mort ; avant que le séjour des morts proprement dit, ne puisse être ouvert. Et, ceux qui avaient cru, avaient cru. Et, ceux qui n'avaient pas cru, étaient restés incrédules. Ainsi, d'une manière à une autre ; chacun devait être responsable de ses actes. Et, ce qui est rapporté ici :

Voir **1 Pierre 4v6** : *'' Car **l'Évangile a été aussi annoncé aux morts**, afin que, après avoir été jugés comme les hommes quant à la chair, ils vivent selon Dieu quant à l'Esprit. ''*

N.B : Tout ce qui vient d'être dit, est une façon d'annoncer que, les âmes des morts ne partent pas toutes directement dans le séjour des morts. Car, hormis certaines conditions qui seront citées par la suite ; le séjour des morts proprement dit ; est un lieu où, partent les âmes qui ont atteint leur jour tel que prévus par Dieu, sur la terre.

Ce sont les gens qui meurent tôt, avant le temps assigné par le Créateur ; ce sont donc eux, qui partent dans ce lieu-là. Et, comme les humains mettaient beaucoup de temps de vie sur la terre, Dieu était conduit dans l'obligation de réduire la longévité. Celle qui allait jusque parfois, zéro à plus de neuf cent (900) ans, sera réduite à moins de deux cent (200) ans.

Ainsi, lors du déluge de Noé ; Dieu avait jugé mieux, de réduire la longévité des êtres humains. Cette durée de vie qui leur poussait facilement à la corruption ; croyant qu'ils sont sur la terre, comme pour une éternité. Et, elle sera baissée, alors.

Mais pas aussitôt dit, aussitôt fait. Mais, progressivement !

Car, Dieu avait trouvé ; que, plus l'être humain met du temps de vie sur la terre ; plus, il lui arrivera de commettre plus de mal. Car, il s'habituera avec les réalités terrestres, et avec les démons qui n'auront plus de place au ciel, alors, ils deviendront des amis, et, ils deviendront faciles à corrompre. Or, commettre plus de mal leur empêcherait l'entrée dans le royaume de Dieu, promis aux croyants. Tel qu'on pourrait voir les textes liés à cette réduction, dans les passages suivants :

- La longévité était arrêtée jusqu'à **120 ans**, ceci, juste après le déluge du temps de Noé. Et, alors, s'il faudrait regarder tout cela, comme dans le sens d'un alignement ; on dirait que, cela jouera au fonctionnement des organes du corps des humains. C'est-à-dire qu'il s'agira de la capacité liée à l'organisme des uns par rapport à celui des autres. Cette durée est écrite dans le livre de la **Genèse 6v3** :

*'' Alors l'Éternel dit : Mon esprit ne restera pas à toujours dans l'homme, car **l'homme n'est que chair, et ses jours seront de cent vingt ans**. ''*

- La longévité est enfin arrêtée aussi, entre **70-80 ans**. Ce qui voudrait dire ; qu'il y a parmi les humains, ceux dont l'âge normal de la fin du séjour terrestre pourrait s'accomplir partant de soixante et dix (70) à quatre-vingt (80) ans. Mais, mourir avant ces âges voudrait dire, devant Dieu ; la personne est morte prématurément. Cette âge ne peut pas aller dans le lieu de repos, ou dans le lieu des tourments. Donc, dans le séjour des morts proprement-dit.

Ces durées dépendent toujours de la capacité de l'organisme des uns et des autres. Car, le tout se repose sur la capacité de la résistance de l'organisme de tout un chacun.

Et donc, cela dépend du fonctionnement des organes du corps d'une personne à une autre.

Ainsi, cette durée est mentionnée dans le livre des **Psaumes 90v10** :

*'' **Les jours de nos années s'élèvent à soixante-dix ans**, et, **pour les plus robustes, à quatre-vingts ans** ; et l'orgueil qu'ils en tirent n'est que peine et misère, car il passe vite, et nous nous envolons. ''*

Donc, voilà pratiquement le nombre des jours de l'homme sur la terre. Il est vrai que, cela n'avait pas agi immédiatement. Et s'il en était ainsi, c'était à cause du repeuplement de la terre. Mais, au fur et à mesure ; la durée de vie de l'homme sur terre diminuait, jusqu'à l'accomplissement des durées limites de 120,80,70 ans.

Toutefois ; les cas isolés, et particuliers ne manquent toujours pas, selon la façon de faire de Dieu, dans sa souveraineté. D'ailleurs, comme la majorité des humains se croient toujours comme capable par eux-mêmes ; il y a de ceux qui attribuent cette durée par rapport à leur alimentation, ou certaines disciplines qu'ils auraient dû respecté ; c'est ça, ce qui leur a permis d'avoir vécu plus longtemps que possible.

Ainsi, ces personnes, par pure grâce, de la part de Dieu, et non par le fait de certaines observations données ; qui soient liées à une alimentation, à une conduite, etc. Ce n'est pas à cause de cela ! Car, il y a des gens, nous avions vu, qui respectent certaines sortes d'alimentations, que l'on dirait, pouvant augmenter la longévité, et certaines conditions, pour des buts pareils, du fait de leurs conseils. Mais, qui pour autant, meurent à bas âges. C'est-à-dire, avant le temps prévu par le Créateur.

Mais cela vient de Dieu, et par lui seul !
Il peut légèrement donner à celui-ci, ou à celui-là, dépasser cent-vingt ans.
Mais, ce qui est important et à retenir ici ; c'est que, en dehors de la mort, et du séjour des morts ; il y a un autre lieu ou endroit où partent les âmes des humains après la mort. C'est le sein des mers, ou l'ensemble des eaux, ou encore l'amas des eaux, Car, dans le livre de la Genèse ; en ce qui concerne les mers ; il est écrit :

Voir **Genèse 1v10** :

*'' Dieu appela le sec terre, et **il appela l'amas des eaux mers**. Dieu vit que cela était bon. ''*

Ainsi, cet autre lieu où partent les âmes après la mort d'une catégorie donnée d'un certain nombre d'humains, se trouve cité dans le livre de l'**Apocalypse 20v13** :

*'' **La mer rendit les morts qui étaient en elle**, la mort et le séjour des morts rendirent les morts qui étaient en eux ; et chacun fut jugé selon ses œuvres. ''*

Et donc, les âmes des morts peuvent se retrouver soit dans la mer, soit dans la prison ou la mort, soit dans le séjour des morts. Et pour ce qui concerne l'orientation des âmes dans le lieu de destination provisoire ; Cela dépend des circonstances liées par rapport à la vie menée par la personne concernée, dans ce monde, avant sa mort physique. Ainsi donc, on peut voir pour ce qui concerne ce lieu aussi, comme le fut le cas des autres.

LE LIEU AU SEIN DES MERS

On pourrait dire, en ce qui concerne le lieu du sein des mers ; ce sont des lieux très profonds, se trouvant dans de grandes eaux, à l'image des Océans, et autres. Ces lieux ne sont pas visibles ; noires, on dirait que, c'est impossible qu'ils ne soient distingués avec les yeux humains, sans qu'il y ait aide de la lumière. Et, là-bas ; la lumière évidemment, ne peut pas éclairer partout !

Le lieu au sein des eaux est un lieu invisible situé dans le fond des eaux. Et, ce lieu est réservé uniquement à une catégorie très précise d'humains. Et, ce lieu, c'est le diable qui s'en était procuré, après sa chute du ciel. Car, ils furent ; lui et les autres anges qu'il avait corrompus, sur la terre, et dans les eaux. Dans ce lieu se trouvent. Tel qu'il est écrit dans le livre de **l'Apocalypse 12v12** :

*'' C'est pourquoi réjouissez-vous, cieux, et vous qui habitez dans les cieux. **Malheur à la terre et à la mer ! car le diable est descendu vers vous,** animé d'une grande colère, sachant qu'il a peu de temps. ''*

Tous les humains qui ont vendu leurs âmes (ou leurs vies) au diable, pour cause : Certains avantages éphémères de ce monde. Tels que : l'argent, le succès (ou la célébrité), les pouvoirs terrestres temporaires, etc.

Dans ce lieu, ils se trouvent les humains qui ont été sacrifiés ou vendus par leurs parents, soient par leurs connaissances, soient encore par les inconnus à la recherche d'un sacrifice, etc.

A leur mort ; ils seront récupérés pour être acheminés dans ce lieu-là, où, ils seront sous le contrôle du diable, et de ses anges (les mauvais esprits).

N.B : Le trône de Satan le diable se trouve au sein des eaux (ou des mers). Et, c'est à partir de ce lieu, qu'il arrive à influencer le présent monde. Se disant : « Je n'ai plus de place auprès du Très-Haut. C'est ici mon lieu, pour détruire aussi, ceux pour qui, j'ai été rejeté ».

Voir **Ezéchiel 28v2** : *'' Fils de l'homme, dis au prince de Tyr : Ainsi parle le Seigneur, l'Éternel : **Ton cœur s'est élevé, et tu as dit : je suis Dieu, je suis assis sur le siège de Dieu, au sein des mers** ! Toi, tu es homme et non Dieu, et tu prends ta volonté pour la volonté de Dieu. ''*

Celui qui reflète ce qui vient d'être dit ici ; ce n'est pas un homme ou un être humain, car dans le jardin d'Eden, le roi de Tyr de la terre n'y était pas. Et, Tyr n'existait pas encore !

Et aussi, un être humain n'a pas de lieu de résidence dans l'eau. Il n'est pas de nature aquatique.

Tout cela se rapporte à Satan le diable, encore appelé par ; le serpent ancien, et qui était, ou vivait dans le jardin. C'est finalement lui, qui se proclamait Dieu. Telle sa vision de s'assujettir les êtres humains.

Voir **Genèse 3v1** : *'' Le serpent était le plus rusé de tous les animaux des champs (ou jardin), que l'Éternel Dieu avait faits. Il dit à la femme : Dieu a-t-il réellement dit : Vous ne mangerez pas de tous les arbres du jardin ? ''*

C'est lui qui réside au fond des eaux ; car ils y avaient été précipités ; Satan avec ses anges.

Voir **Apocalypse 12v9** : *'' Et il fut précipité, le grand dragon, le serpent ancien, appelé le diable et Satan, celui qui séduit toute la terre, **il fut précipité sur la terre, et ses anges furent précipités avec lui**. ''*

Ayant été précipité sur la terre, et dans les eaux ; lui, prit définitivement son lieu de résidence au sein des eaux. Et s'y installa définitivement, attendant le dernier jour ; celui de son emplacement dans le feu éternel, lequel avait été préparé d'avance pour lui ; comme il est écrit dans le livre de **Matthieu 25v41** :

*'' Ensuite il dira à ceux qui seront à sa gauche : Retirez-vous de moi, maudits ; allez dans **le feu éternel qui a été préparé pour le diable et pour ses anges**. ''*

Et, c'est depuis cet endroit, qu'il se constituent en menace pour les humains ; les grands et les petits. Disent-ils : « **Nous allons faire souffrir les humains avec leurs enfants, de générations en générations continuellement !** ». De-là, il manigance sur tout ce qui pourrait nuire les relations entre le Créateur et ses créatures. Le diable qui n'a pas de corps physique, avec ses anges, profitent des humains qui sont en affiliation avec eux, pour emprunter leurs corps afin d'agir dans le monde des vivants.

Voir **Apocalypse 12v12** : *'' C'est pourquoi réjouissez-vous, cieux, et vous qui habitez dans les cieux. **Malheur à la terre et à la mer ! car le diable est descendu vers vous, animé d'une grande colère, sachant qu'il a peu de temps**. ''*

Et, c'est là que partent tous ceux qui ont été sacrifiés au diable, et tous ceux qui ont eu à signer des pactes avec le diable.

Ils y demeureront jusqu'à ce que, le jugement éternel ait lieu, pour la condamnation définitive.

Toutefois, il est très important de s'en souvenir que, le diable avait disputé le corps de Moïse avec l'archange Michel.

Alors, où voulait-il emmener Moïse, s'il n'avait pas d'endroit ?

Je pense bien, nulle part !

Ceci confirme clairement qu'il a bel et bien, une place dans le fond des mers, où, il emmène les âmes de ceux qui ont cautionné avec lui.

Voir **Jude v9** : *'' Or, **l'archange Michel, lorsqu'il contestait avec le diable et lui disputait le corps de Moïse**, n'osa pas porter contre lui un jugement injurieux, mais il dit : Que le Seigneur te réprime ! ''*

LE LIEU DE LA MORT

On n'a pas tellement à approfondir là-dessus. Car, on se limite seulement aux informations que la Bible nous fournit par rapport à la question. Mais, ce qu'il conviendrait de savoir, est que ; dans ce lieu, se trouvent ; tous ceux qui sont morts avant la fin de leurs jours, ou la durée de leurs vies terrestres.
Tels que : Les assassinés, les accidentés, les suicidés, les avortés, etc.
Tous ceux-là, attendent que s'accomplissent leurs jours selon le plan de Dieu, ou plan naturel préétablit par lui, pour aller dans le séjour des morts.

Ainsi :

* On peut mourir avant le temps. C'est-à-dire, avant la durée normale de temps que devait avoir notre vie sur terre, selon Dieu.

Voir **Psaumes 55v24** : *'' Et toi, ô Dieu ! tu les feras descendre au fond de la fosse ; **les hommes de sang et de fraude n'atteindront pas la moitié de leurs jours. C'est en toi que je me confie.** ''*

Et aussi :

Voir **Psaumes 55v16** : *'' **Que la mort les surprenne, qu'ils descendent vivants au séjour des morts** ! Car la méchanceté est dans leur demeure, au milieu d'eux. ''*

Car, descendre vivant dans le séjour des morts veut tout simplement dire ; mourir avant la durée de temps normal de vie.

N.B : Donc, lorsque les jours de vie ne sont pas encore accomplis ; c'est dans cet endroit, que les âmes partent. Et là, il n'y a ni souffrance, ni quoi que ce soit de mal. Les âmes sont en attente de l'accomplissement de leurs jours de vie terrestres, lesquels ont été abrogés d'une manière à une autre. Ils sont dans le séjour de la mort, ou le lieu en forme de prison. Dans ce lieu ; les justes sont séparés d'avec les injustes. Car, cela a toujours été la façon de faire de Dieu, qui n'aime la confusion.

LE SEJOURS DES MORTS :

Dans ce lieu, se trouvent en attente du jugement éternel ; tous ceux qui ont atteint leurs jours comme prévus par Dieu. Il s'agit : Les croyants et les non croyants ; à l'instar du pauvre Lazare et du mauvais riche, dans le livre de **Luc 16v19-26** :

*'' Il y avait un homme riche, qui était vêtu de pourpre et de fin lin, et qui chaque jour menait joyeuse et brillante vie. Un pauvre, nommé Lazare, était couché à sa porte, couvert d'ulcères, et désireux de se rassasier des miettes qui tombaient de la table du riche ; et même les chiens venaient encore lécher ses ulcères. Le pauvre mourut, et il fut porté par les anges dans le sein d'Abraham. Le riche mourut aussi, et il fut enseveli. Dans le séjour des morts, il leva les yeux ; et, tandis qu'**il était en proie aux tourments**, il vit de loin Abraham, et Lazare dans son sein. Il s'écria : Père Abraham, aie pitié de moi, et envoie Lazare, pour qu'il trempe le bout de son doigt dans l'eau et me rafraîchisse la langue ; car je souffre cruellement dans cette flamme. Abraham répondit : Mon enfant, souviens-toi que tu as reçu tes biens pendant ta vie, et que Lazare a eu les maux pendant la sienne ; maintenant **il est ici consolé**, et toi, tu souffres. D'ailleurs, **il y a entre nous et vous un grand abîme, afin que ceux qui voudraient passer d'ici vers vous, ou de là vers nous, ne puissent le faire**. ''*

Et aussi, tous ceux que l'Eternel arrache de la vie sur terre. Tel qu'il est écrit dans le livre des **Nombres 16v30** :

*'' Mais si l'Éternel fait une chose inouïe, si la terre ouvre sa bouche pour les engloutir avec tout ce qui leur appartient, et **qu'ils descendent vivants dans le séjour des morts**, vous saurez alors que ces gens ont méprisé l'Éternel. ''*

N.B : Descendre vivant dans le séjour des morts ; c'est une expression qui fait allusion à une mort avant le temps. Mais causé par Dieu, lui-même. C'est une façon de retrancher de la vie, une personne qui serait tombée dans un désaccord avec Dieu, qui serait par suite d'un comportement désagréable devant Dieu.

Et, cela, même les vrais serviteurs de notre Seigneur Jésus-Christ, ont reçu le pouvoir de le faire.

Voir **1 Corinthiens 5v5** : *'' qu'un tel homme soit livré à Satan pour la destruction de la chair, afin que l'esprit soit sauvé au jour du Seigneur Jésus. ''*

Et aussi :

Voir dans l'épitre de **1 Timothée 1v20** : *'' De ce nombre sont **Hyménée et Alexandre, que j'ai livrés à Satan**, afin qu'ils apprennent à ne pas blasphémer. ''*

REMARQUES TRES IMPORTANTES 2

Etant donné que, c'est l'âme qui est soumise à ces différents traitements ; et que, comme vu précédemment ; l'âme mange, boit, souffre, s'afflige, s'abat, se soucie, etc.

Alors, dans le lieu des tourments, il en sera, non seulement trop tard, pour ceux qui s'y trouveront ; lesquels seront tourmentés continuellement, dans le souci de revenir. Comme qui dirait ; pour une seconde chance ou prolongation de vie physique. Ainsi, pour eux, l'amertume sera donc, leur plus grand partage.

C'est pourquoi, si Jésus-Christ notre Seigneur nous a confié d'annoncer l'Evangile ; c'est à cause de faire éviter aux humains ce grand malheur.

Les hommes de Dieu véritables ont pour mission immédiate :

Faire échapper du lieu des tourments, les humains.

Et cela, par le moyen de la parole vivante de Dieu appelée :

« La Bonne Nouvelle du royaume des cieux »

Ou encore appelée :

« La doctrine de Jésus-Christ ».

Cette doctrine veut qu'en l'obéissant, toute personne devient un disciple.

Voir **Matthieu 28v19-20** : *'' Allez, **faites de toutes les nations des disciples**, les baptisant au nom du Père, du Fils et du Saint-Esprit, et enseignez-leur à observer tout ce que je vous ai prescrit. Et voici, je suis avec vous tous les jours, jusqu'à la fin du monde. ''*

Ayant parlé du séjour des morts, ayant également compris que, le séjour des morts ne représente pas l'unique endroit où partent les âmes des humains, après la séparation de leur être entier ; il conviendrait maintenant de voir ; comment les âmes sont-elles orientées dans chaque endroit.

Mais en amant ; l'on doit tout d'abord savoir ; qu'à la séparation du tripartite : l'esprit, l'âme et le corps ; soient les anges de Dieu ; soient Satan avec les autres démons ou esprits impurs, viennent aussi chercher les âmes, pour les acheminer en leur lieu.

Ainsi donc :

- **Pour le lieu au sein des mers** : Satan et les démons viennent récupérer les âmes qui ont servi à leur gloire, pour les acheminer vers leur dernière demeure, dans le lieu au sein des mers, lequel est pour eux, un lieu provisoire. Car, c'est là qu'elles méritent rester selon qu'il est écrit dans le livre de **Galates 6v7** :

'' Ne vous y trompez pas : on ne se moque pas de Dieu. ***Ce qu'un homme aura semé, il le moissonnera aussi.*** *''*

N.B : Pour aller dans le fond des mers, où Satan domine, et dirige comme dieu de Ceux-là ; c'est soit lui-même, ou un démon qui va intervenir pour la récupération de l'âme vouée à la perdition. Tel est le cas qui avait failli être pour Moïse. En effet, Moïse était né, et servi des dieux égyptiens, avant de servir l'Eternel ; lesquels ne sont autres que des démons.
Voir **Exode 12v12** :

'' Cette nuit-là, je passerai dans le pays d'Égypte, et je frapperai tous les premiers-nés du pays d'Égypte, depuis les hommes jusqu'aux animaux, et ***j'exercerai des jugements contre tous les dieux de l'Égypte.*** *Je suis l'Éternel. ''*

Ainsi, serviteur de diable puis serviteur de Dieu ; cela va mettre en opposition le diable et l'archange Michel. Car les deux avaient à disputer le corps (ou l'âme) de Moïse. Voir **Jude v9** :

'' Or, l'archange Michel, lorsqu'il contestait avec le diable et lui disputait le corps de Moïse, *n'osa pas porter contre lui un jugement injurieux, mais il dit : Que le Seigneur te réprime ! ''*

Le diable avait besoin de l'âme de Moïse, pour l'emmener dans le lieu au fond des mers, où, il est roi, et dieu. Mais, il avait seulement oublié, que Moïse après son état d'ignorance ; il était passé des dieux égyptiens à l'Eternel. Et du coup, cette nouvelle appartenance, lui donnait le pouvoir de devenir peuple et serviteur du Dieu Très-Haut !

Satan le diable n'a pas agi ainsi, seulement pour Moïse ; il en a fait également pour Josué, le souverain sacrificateur. Car, celui-ci avait aussi sur lui, de l'iniquité. Car l'iniquité est une forme de vêtements en esprit. Tel qu'on pourrait le lire dans le livre de **Zacharie 3v1-5** :

'' *Il me fit voir **Josué, le souverain sacrificateur, debout devant l'ange de l'Éternel, et Satan qui se tenait à sa droite pour l'accuser**. L'Éternel dit à Satan : Que l'Éternel te réprime, Satan ! que l'Éternel te réprime, lui qui a choisi Jérusalem ! N'est-ce pas là un tison arraché du feu ? **Or Josué était couvert de vêtements sales, et il se tenait debout devant l'ange.** L'ange, prenant la parole, dit à ceux qui étaient devant lui : Otez-lui les vêtements sales ! Puis il dit à Josué : **Vois, je t'enlève ton iniquité**, et je te revêts d'habits de fête. Je dis : Qu'on mette sur sa tête un turban pur ! Et ils mirent un turban pur sur sa tête, et ils lui mirent des vêtements. L'ange de l'Éternel était là.* ''

En esprit donc, les vêtements sales sont quelques parts ; les péchés (ou les iniquités), et les vêtements blancs, ou vêtements de fête ; c'est la sainteté, la purification, la sanctification.

Alors, on abordera licitement les semences, ou les causes, ou encore les pratiques et comportements qui conduisent dans le royaume des ténèbres, lesquels se trouvent dans le fond des mers.

LE TYPE DE SEMENCE QUI CONDUIT DANS LE ROYAUME DE SATAN LE DIABLE

La semence est une connaissance dont les fruits égalent aux comportements, ou aux habitudes. Et, ce qui concerne celle qui vient du malin vient des connaissances relevant des sciences occultes. C'est-à-dire ; qu'ayant ces connaissances, ils ont préféré sacrifié leurs âmes, pour jouir pour un temps donné, le bonheur éphémère de ce monde. Il s'agit :

- Des personnes qui, pour de l'argent, le succès (ou autres célébrités), les pouvoirs terrestres temporels, ont donné leurs âmes pour ces avantages de courtes durées ; ne sachant pas la valeur d'une âme aux yeux de Dieu, et aux yeux de Satan le diable. Hors, Satan le diable le sait très bien. Et, le diable, pour faire du bien ; il demande à l'homme seulement, contre l'échange avec son âme.

Car, il est écrit, au sujet de l'âme :

Voir **Matthieu 16v26** : *'' Et que servirait-il à un homme de gagner tout le monde, s'il perdait son âme ? ou, **que donnerait un homme en échange de son âme ?** ''*

Et,

Voir aussi **Marc 8v37** : *'' **Que donnerait un homme en échange de son âme ?** ''*

IL n'y a rien sur la terre, que l'on pourrait comparer à la valeur de l'âme, aux yeux de Dieu. Mais, Satan le diable, arrive quand-même, à tromper l'homme, lui montrant que : Il y a des choses qui ont plus de la valeur qu'une âme humaine.

Et, les humains, par rapport à tout cela ; arrivent aussi à se sacrifier, ou à sacrifier les leurs, pour servir à la gloire du Diable, et non celle de Dieu. Et, nombreux, sont ceux qui le trouvent normal, pour le moment, parce qu'ils arrivent à se faire des fortunes. Mais, seulement, à la mort ; ils n'auront rien à aller avec ; de tout ce qui leur avait pousser de vendre leurs âmes, contre autres choses, de sans valeur aux yeux de Dieu. Ainsi, le rachat de leurs âmes sera impossible.

Voir **Psaumes 49v9** : *'' Le rachat de leur âme est cher, et n'aura jamais lieu. ''*

Dieu, pour le rachat de l'âme, avait dépensé un grand prix. Mais, ce sont les choses qui dépassent l'entendement humain ; alors, il est difficile à l'homme de le comprendre.

Voir **1 Corinthiens 6v20** : *'' Car **vous avez été rachetés à un grand prix**. Glorifiez donc Dieu dans votre corps et dans votre esprit, qui appartiennent à Dieu. ''*

Et aussi :

Voir **1 Pierre 1v18-19** : *'' sachant que ce n'est pas par des choses périssables, par de l'argent ou de l'or, que vous **avez été rachetés** de la vaine manière de vivre que vous aviez héritée de vos pères, mais **par le sang précieux** de Christ, comme d'un agneau sans défaut et sans tache. ''*

- Des personnes qui ont été sacrifiées par des tierces : Membres de familles, les époux pour les épouses et, les épouses pour les époux, des parents pour les enfants, ou les enfants pour les parents, les enfants entre eux, ou encore, des amis, ou des inconnues ayant une forte capacité des puissances des ténèbres, pour récupérer les membres d'une autre famille, mystiquement, et se servir d'eux comme sacrifices pour satisfaire aux demandes du grand chef : « Satan ».

Tel, il est écrit dans le livre de **Lévitique 18v21** : *'' **Tu ne livreras aucun de tes enfants pour le faire passer à Moloch**, et tu ne profaneras point le nom de ton Dieu. Je suis l'Éternel. ''*

Et encore :

Voir **2 Rois 23v10** : *'' Le roi souilla Topheth dans la vallée des fils de Hinnom, <u>afin que</u> personne ne fît plus passer son fils ou sa fille par le feu en l'honneur de Moloch. ''*

Moloch est une forme de divinité dont, les opérations sont basées par des genres de sacrifices humains. C'est-à-dire ; les enfants sont sacrifiés par leurs parents, pour des avantages quelconques de la vie terrestre. Et pour cela ; que ce soient des fils ou des filles. Et, ces sacrifiés vont se retrouver dans le lieu, au fond des mers, s'ils n'atteignent pas leurs jours sur la terre. Car, Moloch n'accepte point le sacrifice des personnes fortement âgées. Mais, plutôt des jeunes. Car, avant que le séjour des morts leur réclame suite à leur durée de vie sur terre, tel que voulu par Dieu ; ils auront pu servir à la souffrance, dans les prisons et les travaux forcés de Satan le diable.

- Des féticheurs, des magiciens ; ceux de la magie noire, c'est-à-dire ; de cette sorcellerie qui a pour objet, de nuire aux êtres humains. Ou encore de la magie blanche, celle qui est pratiquée dans l'ongle de la séduction, la domination, etc. Dans ce rang, on peut trouver : Les sorciers, les tradi-praticiens, les traditionnels occultistes (ceux qui opèrent soient disant avec les esprits des ancêtres ; lesquels ne sont que des démons. Car, les âmes dans l'un des trois lieux où elles partent ; Leurs esprits repartent à Dieu), les traditionnels ; ce sont les hommes qui sont au service du diable avec ses démons, en totalité. Tout ce monde ira dans le même châtiment éternel que Satan le diable, après le jugement final. Comme il est écrit dans le livre de **Matthieu 25v41** :

*'' Ensuite il dira à ceux qui seront à sa gauche : **Retirez-vous de moi, maudits ; allez dans le feu éternel qui a été préparé pour le diable et pour ses anges**. ''*   -

Ainsi, tous ceux qui vendent des parties de leurs corps physiques ou, qui font des pratiques honteuses, etc. après avoir signé un pacte quelconque. Tous partent dans ce lieu au sein des mers.

- Des personnes que l'on dit venir des eaux, et pour lesquelles sont faites des rituelles qui les mettent en communion avec les démons, tel écrit dans le livre de **1 Corinthiens 10v20** :

*'' **Je dis que ce qu'on sacrifie, on le sacrifie à des démons, et non à Dieu** ; or, je ne veux pas que vous soyez en communion avec les démons. ''*

N.B : Les démons se sont érigés en des dieux, et pour les ancêtres des humains. Voilà comment, ils se sont facilement et furtivement intégrés dans les milieux des humains. Ainsi, par le moyen des médiums, ils peuvent transmettre de ces choses aux humains, en se faisant passer de leurs ancêtres.

Or, il est déjà clair que lorsqu'une personne meurt ; on ne peut plus parler de lui, comme vivant au milieu des humains.

- Les Médiums ou les gens qui jouent la médiation entre les humains et les esprits, ou les démons.

- Les gens qui se font toute une incarnation des chefs des démons ; ceux-là aussi font partie de la famille des occultistes.

Nous ne ferons pas de cet ouvrage, un moyen qui doit parler uniquement des œuvres de Satan, avec les démons, pour le plaisir de raconter ; mais plutôt, c'est dans le but simplement de dégager du filet du père de mensonge ; ceux qui y sont capturés, et ceux devant qui, il a déjà tendu ses pièges. Car, il est écrit de lui, dans le livre de **Jean 8v44** :

*'' Vous avez pour père le diable, et vous voulez accomplir les désirs de votre père. **Il a été meurtrier** dès le commencement, et **il ne se tient pas dans la vérité,** parce **qu'il n'y a pas de vérité en lui. Lorsqu'il profère le mensonge, il parle de son propre fonds** ; car il est menteur et le père du mensonge.* ''*

Car, beaucoup de gens, par ignorance, à cause de la séduction s'y étant pris ; ils ne savent plus comment s'en sortir, comment s'en dégager. Et, comme celui à qui appartiennent toutes les âmes ; c'est Dieu ; c'est pourquoi, il nous a envoyé dans le monde, ses serviteurs, pour sauver ces âmes ; comme on peut le lire dans les **Actes 26v17,18** :

*'' **Je t'ai choisi du milieu de ce peuple et du milieu des païens, vers qui je t'envoie, afin que tu leur ouvres les yeux, pour qu'ils passent des ténèbres à la lumière et de la puissance de Satan à Dieu,** pour qu'ils reçoivent, par la foi en moi, le pardon des péchés et l'héritage avec les sanctifiés.* ''*

N.B : Satan et les démons connaissent bien lesquels sont des vrais serviteurs et servantes de Dieu ; et lesquels ne sont que des faux semblants. C'est-à-dire ; ceux-là, qui se le sont faits d'eux-mêmes, ou qui le sont devenus par les hommes. Tel qu'on peut lire ici.

Voir **Actes 19v15** : *'' L'esprit malin leur répondit : **Je connais Jésus, et je sais qui est Paul ; mais vous, qui êtes-vous ?** ''*

Les esprits mauvais et leur chefs Satan connaissent Jésus-Christ. Et, ils se soumettent à lui.

Voir **Marc 5v7-8** : '' *Et s'écria d'une voix forte : Qu'y a-t-il entre moi et toi, Jésus, Fils du Dieu Très-Haut* ? *Je t'en conjure au nom de Dieu, ne me tourmente pas. Car Jésus lui disait : Sors de cet homme, esprit impur !* ''

Et encore dans **Luc 8v28-29** :

'' *Ayant vu Jésus, il poussa un cri, se jeta à ses pieds, et dit d'une voix forte : Qu'y a-t-il entre moi et toi, Jésus, Fils du Dieu Très-Haut ? Je t'en supplie, ne me tourmente pas. Car Jésus commandait à l'esprit impur de sortir de cet homme, dont il s'était emparé depuis longtemps ; on le gardait lié de chaînes et les fers aux pieds, mais il rompait les liens, et il était entraîné par le démon dans les déserts.* ''

Il en est de-même, pour les enfants de Dieu qui sont vraiment convertis, et aussi, ceux qui ne le sont pas, tous sont connus d'eux.

Et encore, les fils et les filles du malin, ainsi que les non-convertis ; tous sont connus des mauvais esprits.

Et même, lorsqu'une personne croit à la parole de Dieu, et veut se convertir ; ils sentent et voient les mouvements.

Et alors, ils cherchent à leur empêcher de se soumettre à la parole de Dieu.

Connaissant les humains que Dieu a envoyé en mission sur la terre ; les démons et Satan savent que, c'est pour ouvrir les yeux par la vraie connaissance des choses que Dieu leur a envoyé dire.

Voir **Actes 26v18** : '' *afin que tu leur ouvres les yeux, pour qu'ils passent des ténèbres à la lumière et de la puissance de Satan à Dieu, pour qu'ils reçoivent, par la foi en moi, le pardon des péchés et l'héritage avec les sanctifiés.* ''

Et, lorsqu'une personne écoute la parole de Dieu, et, il ne la comprend pas ; eux viennent, enlèvent de la personne, cette parole. Et, ils lui laissent vide. C'est ce qui fait que nombreux de ceux qui partent aux Eglises, ou qui parlent de Dieu, sont naïf par rapport à la parole de Dieu ; le diable, ou les démons enlèvent la connaissance reçue. Voir **Matthieu 13v19** :

'' *Lorsqu'un homme écoute la parole du royaume et ne la comprend pas, le malin vient et enlève ce qui a été semé dans son cœur : cet homme est celui qui a reçu la semence le long du chemin.* ''

Et donc, tout se passe au travers de sa parole ; cette parole qui est lui-même, et qui est la lumière, laquelle apporte de l'éclairage, ou de la connaissance, laquelle des connaissances qui enfin de compte donnera aux humains de la capacité surnaturelle, dont la possibilité de pouvoir se délivrer, et passer des ténèbres, à la lumière. C'est ce que fait la parole de Dieu.

Voir **Jean 1v1-4** : '' *Au commencement était la Parole, et la Parole était avec Dieu, et **la Parole était Dieu**. Elle était au commencement avec Dieu. Toutes choses ont été faites par elle, et rien de ce qui a été fait n'a été fait sans elle. **En elle était la vie, et la vie était la lumière des hommes**.* ''

Et, pour que ce travail soit fait par un homme ou par une femme ; il faudrait que ce soit une personne mandatée par lui-même Dieu. Si non, c'est du bricolage, et de la distraction purement et simplement. Donc, par l'aide des vrais serviteurs et servantes de Dieu, lesquels, mandatés par lui-même ; les humains qui sont fils ou filles du royaume peuvent sauver leurs âmes. Voir **Romains 10v14,15** :

'' ***Comment donc invoqueront-ils celui en qui ils n'ont pas cru ? Et comment croiront-ils en celui dont ils n'ont pas entendu parler ? Et comment en entendront-ils parler, s'il n'y a personne qui prêche ? Et comment y aura-t-il des prédicateurs, s'ils ne sont pas envoyés ?*** *selon qu'il est écrit :*
Qu'ils sont beaux les pieds de ceux qui annoncent la paix, de ceux qui annoncent de bonnes nouvelles ! ''

Ainsi donc, pour que l'âme soit sauvée ; il faut :

1- Qu'un **prédicateur soit envoyé**

2- Que **le prédicateur prêche**

3- Que **le prédicateur parle de Jésus-Christ**

4- Que **celui qui écoute, croit** !

Ainsi pourra s'accomplir, ce qui est écrit dans le livre des **Colossiens 1v13** :

'' *qui **nous a délivrés de la puissance des ténèbres et nous a transportés dans le royaume du Fils** de son amour.* ''

Dieu opère dans cette fonction, en utilisant ses serviteurs et servantes, lesquels, il a envoyé dans le monde, dans l'unique but : Sauver les âmes, et non, pour chercher le manger, le confort, le succès, la richesse, la grandeur, la célébrité, etc. Car, toutes ces choses ne sont réservées que pour la gloire de l'Eternel. A lui seul ; la Gloire, l'Honneur, la Puissance, la

Richesse, la Sagesse, la Louange, la Force.

Tel, il est écrit dans le livre de **l'Apocalypse 5v12** :

*'' Ils disaient d'une voix forte : L'agneau qui a été immolé est digne de recevoir **la puissance, la richesse, la sagesse, la force, l'honneur, la gloire,** et **la louange**. ''*

REMARQUES TRES IMPORTANTES 3

Lorsqu'une personne entre en contact avec le monde des ténèbres ; le plus souvent ; c'est par le moyen d'une initiation, laquelle se fait de deux façons :

- **La théorie et la pratique** : C'est pour cela que lorsqu'une personne se repent, telle qu'on pourrait le sentir ; il faudrait que toutes les choses qu'on utilisait soient amenées, pour qu'elles soient détruites. Ainsi, se passaient toutes choses avec les apôtres. Et, cela, c'est afin que la délivrance soit complètement accomplie. Et que, plus jamais Satan ou les démons ne ramènent un jour, les pensées de ceux-ci, vers les mêmes choses.

Voir **Actes 19v18-19** : *'' Plusieurs de ceux qui avaient cru venaient confesser et déclarer ce qu'ils avaient fait. Et un **certain nombre de ceux qui avaient exercé les arts magiques, ayant apporté leurs livres, les brûlèrent devant tout le monde** : on en estima la valeur à cinquante mille pièces d'argent. ''*

Certaines personnes ont parfois honte, de confesser leurs passés mauvais. D'autres par contre, ont souvent peur des menaces, et de représailles, de la part du diable et, de ses enfants. Se disant : Ils peuvent me faire du mal !
Bien-aimés, sur ce qui concerne de telles décisions ; les gens de cette époques-ci ne seront pas les premiers, les uniques et les derniers, à prendre de telles décisions salutaires.
Il est donc important de la prendre, car, c'est pour le salut de son propre âme.

Il y avait un homme au nom de Simon, connu, célèbre, honoré par tout le monde de sa ville. Lorsqu'il réalisa l'importance de prendre cette décision ; quel que soit le prix que cela pourrait coûter ; il n'avait plus regardé à tout ce qu'il était ; il prit la décision ; et cela, jusqu'à la fin de sa vie. Et, c'est ce qui lui donna la force de persévérer dans sa marche avec Jésus-Christ.

Voir **Actes 8v9-13** : *'' Il y avait auparavant dans la ville **un homme nommé Simon, qui, se donnant pour un personnage important, exerçait la magie et provoquait l'étonnement du peuple de la Samarie.** Tous, depuis le plus petit jusqu'au plus grand, l'écoutaient attentivement, et disaient : **Celui-ci est la puissance de Dieu, celle qui s'appelle la grande.***

*Ils l'écoutaient attentivement, parce qu'il les avait longtemps étonnés par ses actes de magie. Mais, **quand ils eurent cru à Philippe, qui leur annonçait la bonne nouvelle du royaume de Dieu et du nom de Jésus-Christ,** hommes et femmes se firent baptiser. **Simon lui-même crut, et, après avoir été baptisé, il ne quittait plus Philippe, et il voyait avec étonnement les miracles et les grands prodiges qui s'opéraient.** ''*

Alors, si vous quittez Satan, et que vous venez à Dieu ; Satan ne pourra rien contre vous. Et, c'est alors que vous comprendrez, que Satan est un grand intimidateur. Et, en surcroît, un grand peureux !

Lorsque, Satan perd un humain, il va, et cherche, comment pourrait-il reconquérir la personne échappée.

Et, c'est donc seulement, par des méthodes bien conçues qu'il procède.

Il crée toujours des moyens **d'intimidation, de séduction**, et **des pièges** ; dans le but de récupérer l'âme échappée.

Les démons visent des failles dites ; qui caractérisent le comportement de la personne, lesquelles ils voudront récupérer, pour s'en servir. Et, il s'agit donc des points faibles de la personne qu'ils vont attaquer.

Dans cette lutte, ils font tout. Jusqu'à même demander l'aide des autres esprits mauvais, pour qu'ils récupèrent leur place perdue, dans la vie de cette dernière.

Ils le font avec une détermination profonde, ainsi qu'un total engagement ; tel qu'il est écrit dans le livre de **Luc 11v24-26** :

*'' Lorsque l'esprit impur est sorti d'un homme, il va dans des lieux arides, pour chercher du repos. N'en trouvant point, il dit : Je retournerai dans ma maison d'où je suis sorti ; et, quand il arrive, il la trouve balayée et ornée. Alors **il s'en va, et il prend sept autres esprits plus méchants que lui ; ils entrent dans la maison, s'y établissent**, et la dernière condition de cet homme est pire que la première. ''*

- **Pour la mort selon les humains** : Il est important de comprendre que, la mort peut paraître comme une surprise pour d'autres personnes ; mais pas pour celui qui doit mourir.

Avant que l'homme ne meurt ; il est toujours informé, ou averti.

Le plus souvent, on ne fait pas attention à ces choses. Et, le plus souvent ; ce sont les gens qui sont auprès de lui, en ces instants-là, qui enfin de compte, se souviennent des paroles ou faits et gestes du défunt, avant la mourir.

Les choses qui apparaissent comme messages pré-viseurs ou prédicteurs de ce qui va s'accomplir.

Tel, on peut lire dans le livre de **Job33v22** :

'' *Son âme s'approche de la fosse, et **sa vie des messagers (ou informateurs) de la mort**.* ''

Lorsque la mort s'approche d'une personne ; l'intéressé le sent lui-même, et peut même le confesser de sa propre bouche. Ce n'est pas comme un fait d'un pur hasard que les hommes meurent.

Et, lorsque les hommes meurent ; ils peuvent aller dans le lieu appelé : « **La mort** ».

Ce lieu est un territoire à l'image des anciennes cités dont les constructions représentaient des formes de forteresses avec des sentinelles sur le haut des murailles. Et avec une entrée principale, et unique, qui donne accès dans la cité. Et, ce lieu considéré comme une prison, se ferme à clef. Et ces clefs qui jadis se trouvaient entre les mains du diable. Et, lesquelles avaient été récupérées par Jésus-Christ.

Voir **Hébreux 2v14** : '' *Ainsi donc, puisque les enfants participent au sang et à la chair, il y a également participé lui-même, afin que, par la mort, il anéantît **celui qui a la puissance (ou les clefs) de la mort, c'est-à-dire le diable**.* ''

Et si le Christ devait aller dans le lieu de la mort pour délivrer ceux qui étaient en train de croupir dans ce lieu, sous la torture du diable ; il était dans l'obligation de récupérer ces clefs, pour ne plus les remettre au diable. Afin que, celui-ci n'y retourne plus.

Voir **Apocalypse 1v18** : '' ***Je suis le premier et le dernier**, et le vivant. J'étais mort ; et voici, je suis vivant aux siècles des siècles. **Je tiens les clefs de la mort** et **du séjour des morts**.* ''

N.B : Satan le diable avec ses démons n'ont plus aucun pouvoir sur ce lieu de la mort, car les clefs de ce lieu se trouvent dans les mains de Christ, comme celles du séjour des morts aussi. C'est pour ainsi dire ; que le lieu au fond des mers qui n'a pas des clefs, n'a pas la même valeur que les autres lieux. C'est Satan le diable, lui-même, qui sait comment fait-il, pour y retenir ses victimes.

TYPES DE SEMENCES QUI MENENT DANS LE LIEU DES MORTS OU LES CAUSES

Dans le lieu de la mort ; l'accès est conditionné :

- Toutes personnes n'ayant rien à avoir avec les conditions du lieu au fond des mers ; c'est-à-dire, des hommes et des femmes qui n'ont pas de pactes avec le diable et avec ses démons ; les gens qui n'ont pas eu de communion avec les esprits impurs, jusqu'à leur mort.

- Ce lieu au départ était seul pour ceux qui mourraient avant que le salut ne vienne (ou Christ). Elles étaient gardées là. Et, depuis la venue du Christ ; ce lieu est devenu un lieu juste pour les gens qui meurent avant le temps convenable. Donc, par accident, des assassinats, des suicides, des maux, des avortements provoqués et non provoqués, etc.

Ces âmes y demeurent pendant un temps, jusqu'à atteindre la durée de vie qui leur avait été destinée par Dieu. Ainsi, tenant compte de cette durée provisoire ; ce lieu est non loin d'être vu comme certains séjours des morts.

Mais il est différent du séjour véritable des morts ; le lieu dont les âmes qui y sont, particulièrement, celles du lieu de consolation ou le Paradis, attendent leur enlèvement (y compris les saints retenus encore dans le lieu de la mort en ce temps-là bien sûr). Tandis que ceux du lieu des tourments attendront le jugement éternel ou le jugement dernier ; pour en sortir.

Voir **Apocalypse 20v5** : *'' Les autres morts ne revinrent point à la vie jusqu'à ce que les mille ans fussent accomplis. C'est la première résurrection. Heureux et saints ceux qui ont part à la première résurrection ! La seconde (la seconde mort ; c'est l'étang de feu : voir Apocalypse 20v14) mort n'a point de pouvoir sur eux ; mais ils seront sacrificateurs de Dieu et de Christ, et ils régneront avec lui pendant mille ans. ''*

Il y a une seule condition qui emmène dans le lieu de la mort ; c'est la mort avant le temps normal. Au reste ; ce lieu concerne tout le monde. Seulement, chacun sait le sort qui l'attend par-rapport à sa nature ; bien qu'il soit mort prématuré. Donc, ici, le type de semence n'a rien à avoir comme condition au préalable.
Ainsi donc, que l'on connaisse Dieu ou pas ; que l'on connaisse, puis, on s'est rétrogradé ; cela n'a rien à avoir avec ce lieu. Il est pour tout le monde, en quelque sorte.

N.B : Contrairement à ce lieu ; ceux de Satan qui meurent avant la durée normale de leurs vies, partent dans le lieu aux fond des mers. Car, ils n'ont pas d'autres lieux ailleurs.

- **Pour le séjour des morts proprement dits** : Ceux qui partent dans le séjour des morts ; ce sont ceux-là qui ont atteint leurs jours et qui sont ensuite morts. Et, ceux qui étaient déjà morts, et étant dans le lieu de la mort, atteignent tout d'abord leurs jours, ensuite, ils quittent ce lieu, pour aller dans le séjour des morts.

Seulement dans le séjour des morts ; il y a deux territoires distinctes, comme vu en amant :

- **Le territoire d'aridité**, où, il n'y a point de paix, et, où, il y a des flammes de feu. Les âmes qui s'y trouvent meurent de faim et de soif. Elles ont des douleurs, et vivent dans des angoisses. Et cela, à cause du jugement qui les attend, et du feu éternel qui dépasse en force et en mal, le lieu des tourments, en souffrance.

Il y a de fortes températures de chaleur, des flammes ou langues de feu y tombent de temps en temps. Alors **c'est un lieu insupportable et incompatible à la vie**.

- Le territoire de paix ou de repos ; c'est le lieu, dit : De **Consolation**. Un lieu où, il fait beau vivre. Ceux qui s'y trouvent éprouvent une grande joie, et sont pressés de vite y quitter à cause de la promesse d'un autre lieu, plus merveilleux, **la ville sainte de Dieu**. Une ville dont ils en écoutent la description. Et, le genre de vie qu'ils mèneront là-bas, laisse à désirer. En attendant qu'ils sortent du séjour des morts, au retour du Seigneur Jésus-Christ par le phénomène de la résurrection ; là dans le lieu de Consolation, encore appelé **le Paradis** ; ils jouissent d'une bonne vie, dans les bonnes ou les meilleures conditions.

Seulement, ils sont dérangés par les bruits et les appels de ceux qui sont dans le lieu des tourments, les suppliant de leur venir au secours.

Ils les observent dans leur grande peine insupportable. Ils sont dans les pleurs, les gémissements. Et cela leurs rend mal à l'aise.

Ainsi donc, il est très important de retenir que, pour chacun des lieux dans le séjour des morts ; il y a un type de semence qui permet qu'on s'y retrouve.

TYPES DE SEMENCE POUR LE LIEU DE CONSOLATION, ET POUR LE LIEU DES TOURMENTS

Il est très important de savoir que, d'abord, la ville sainte de Dieu est dans une terre royale. Et, le Roi ; c'est le Christ : D'où l'expression, en ce qui concerne sa présence invisible sur cette terre, ou dans ce monde : « **Le royaume des cieux** » ou « **Le royaume de Dieu** ». Les deux expriment la même chose.

Car les cieux comme il a été vu en amant ; ce sont les trois cieux, dont chacun d'eux seraient composés de trois nombres de ciel.

Alors, les cieux où se trouve la terre sainte, ou encore, le ciel où se trouve la ville sainte de Dieu ; c'est la demeure sainte de Dieu. Le lieu où se trouve son trône royal.

Et ce royaume se trouvera dans les cieux là. Seulement, le peuple de ce royaume n'existe pas encore s'il faut le dire, complètement. Mais il est en train d'être préparé, ou formé. Ce royaume invisible sur la terre est nommé : « **L'Eglise** », tel qu'il est écrit dans le livre de **Luc 17v20-21** :

*'' Les pharisiens demandèrent à Jésus quand viendrait le royaume de Dieu. Il leur répondit : **Le royaume de Dieu ne vient pas de manière à frapper les regards**. On ne dira point : Il est ici, ou : Il est là. Car voici, le royaume de Dieu est au milieu de vous. ''*

Ce sont donc, les gens qui seront admis pour le royaume de Dieu, qui iront dans le lieu de **Consolation**, en cas de mort, en temps normal. Et en temps pré causse. Car, le processus étant en cours ; c'est-à-dire ; au fur et à mesure, que l'on est en train de trouver les brebis perdues, comme il les appelle lui-même ; ils sont ensuite formés, pour devenir des disciples. Car, c'est là, la mission assignée à ses serviteurs, et à ses servantes. C'est en terme de vision ; la vision de l'Eglise.

Voir **Matthieu 28v19-20** : *'' **Allez, faites de toutes les nations des disciples**, les baptisant au nom du Père, du Fils et du Saint-Esprit, **et enseignez-leur à observer tout ce que je vous ai prescrit**. Et voici, je suis avec vous tous les jours, jusqu'à la fin du monde. ''*

Hors, lorsque le Seigneur Jésus-Christ parle de disciple ; ce n'est pas sans importance. Cela est très significative. Car, il vise de faire de son peuple, son image. Et cela, par le moyen des fruits, lesquels sont un comportement. Ainsi donc, c'est le comportement que, l'on reconnait les fils et les filles du royaume de Dieu. Et, pour avoir de bons fruits ; il faudrait être attaché au Christ.

Voir **Jean 15v4,5,8** : *'' Demeurez en moi, et je demeurerai en vous. **Comme le sarment ne peut de lui-même porter du fruit, s'il ne demeure attaché au cep, ainsi vous ne le pouvez non plus, si vous ne demeurez en moi.** Je suis le cep, vous êtes les sarments. **Celui qui demeure en moi et en qui je demeure porte beaucoup de fruit, car sans moi vous ne pouvez rien faire. Si vous portez beaucoup de fruit, c'est ainsi que mon Père sera glorifié, et que vous serez mes disciples.** ''*

On ne devient point disciple n'importe comment. Mais, il y a un ordre à suivre, et qui est bien établi :

1- **Pour produire des fruits ; il faudrait être attaché à Jésus-Christ**

2- **Comprendre que, sans Jésus-Christ, rien n'est possible**

3- **Pour devenir disciple, il faudrait produire beaucoup de fruits.**

Et encore :

Voir **Colossiens 1v10** : *'' pour marcher d'une manière digne du Seigneur et lui être entièrement agréables, portant des fruits en toutes sortes de bonnes œuvres et croissant par la connaissance de Dieu. ''*

Les fruits sont donc, des bonnes œuvres, ou bonnes mœurs. Le peuple du royaume ayant des fruits du royaume de Dieu ; il y a donc, des fruits qui ne sont pas du royaume de Dieu. Alors, on peut voir ce que dit le message du royaume, au sujet des fruits qui ne sont pas de lui, et pour lesquels ; ceux qui les pratiquent, n'iront pas dans son royaume.

Les passages bibliques suivants : **1 Corinthiens 6v9-10** ; **Galates 5v19-21** ; **Ephésiens 5v3-5** ; **Apocalypse 21v27** montrent que certaines pratiques ou œuvres empêcheront aux hommes non seulement de faire partir du peuple de Dieu ; mais aussi d'entrer dans le royaume de Dieu. Et, ce sont des fruits ou les comportements suivants :

'' – **L'impudicité**	- **Le ruse**	- **L'envie**
- **L'idolâtrie**	- **L'impureté**	- **Les excès de table**
- **L'adultère**	- **La dissolution**	- **Les paroles déshonnêtes**
- **L'efféminé**	- **La magie**	- **Les propos insensés**
- **L'infamie**	- **La querelle**	- **Les plaisanteries**
- **Le vol**	- **La jalousie**	- **L'abomination (pratiques occultes)**
- **La cupidité**	- **Les animosités**	- **Le mensonge**
- **L'ivrognerie**	- **Les disputes**	- **Les chiens (insensés)**
- **L'outrage**	- **Les sectes.**	

Toutes ces choses sont présentées comme des feux signalétiques, chargés à instruire les croyants, sur la position des hommes par-rapport au message du royaume de Dieu ; et, en même temps, cela permet à eux-mêmes de s'observer ou encore de s'examiner ; quant à leur marche suite aux conditions exigées pour accéder au royaume de Dieu.

N.B Tout comportement ou caractère assimilables à ce qui est écrit, fait partie de la souillure pour l'âme. Alors, dans ces conditions, l'être humain est nommé : « **Injuste, méchant, … »**.

Et dans ce rang ne se trouvent pas seulement ceux-là, qui se disent les enfants de Dieu ; il en est de mêmes des serviteurs et servantes dites de Dieu.

REMARQUES TRES IMPORTANTES 4

Lorsque l'on prêche la parole du royaume de Dieu, dont le but est unique : « **Séparer les humains du péché** » ; certains serviteurs et servantes de Satan, ou serviteurs et servantes de Dieu corrompus, disent : « **Cet Evangile ; c'est l'Evangile de la condamnation** ».

Or, si on ne prêche pas sur l'abandon total du péché ; personne n'entrera dans le royaume de Dieu. Alors, dans ce cas ; qui nous a mandaté, et qui servons-nous ?

Il est donc important de savoir que, lorsque le message prôné être de Dieu, ne sépare pas les humains du péché ; donc, les prédicateurs qui font ce travail, travaillent pour le diable, et non pour Jésus-Christ.

Car, le Christ était mort pour le péché. Voir **Romains 6v10** :

*'' Car **il (Christ) est mort, et c'est pour le péché qu'il est mort** une fois pour toutes ; il est revenu à la vie, et c'est pour Dieu qu'il vit. ''*

Et, s'il s'est donné à mourir, pour le péché ; c'est pour les humains, lesquels qui croient en lui. Ainsi, ceux qui croient en Christ, ne pratiquent plus le péché.

Voir **1 Jean 3v9,10** : *'' **Quiconque est né de Dieu ne pratique pas le péché, parce que la semence de Dieu demeure en lui ; et il ne peut pécher, parce qu'il est né de Dieu. C'est par là que se font reconnaître les enfants de Dieu et les enfants du diable.** Quiconque ne pratique pas la justice n'est pas de Dieu, non plus que celui qui n'aime pas son frère. ''*

C'est pourquoi, il est écrit, dans le but de se conserver pur, et de ne pas perdre son salut : De ne pas recevoir les gens du diable chez soi.

Voir **2 Jean v9-11** : *'' Quiconque va plus loin et ne demeure pas dans la doctrine de Christ n'a point Dieu ; celui qui demeure dans cette doctrine a le Père et le Fils. **Si quelqu'un vient à vous et n'apporte pas cette doctrine, ne le recevez pas dans votre maison, et ne lui dites pas : Salut ! car celui qui lui dit : Salut ! participe à ses mauvaises œuvres.** ''*

Et, si c'est un frère ou une sœur qui n'obéit plus à cette parole du royaume de Dieu ; il est écrit dans **1 Corinthiens 5v11** :

*'' Maintenant, ce que je vous ai écrit, c'est de **ne pas avoir des relations avec quelqu'un qui,
se nommant frère (ou sœur), est impudique, ou cupide, ou idolâtre, ou outrageux, ou
ivrogne, ou ravisseur, de ne pas même manger avec un tel homme (ou une telle femme)**. ''*

Il y a au milieu dans la société, parfois des appellations ou des nominations qui ne méritent
aucunement d'être attribuées à certaines choses. Car, il y a plusieurs formation ou
groupements qui parlent de ce qui est écrit dans la Bible, mais, lesquels ne se séparent pas du
péché ; mais qui se disent être : « **Eglise de Réveil** ».

Hors, tant que le péché n'est pas vaincu dans une société ; on ne peut pas parler de « **Réveil
spirituel** » ; car, le réveil spirituel ; c'est la séparation de l'homme d'avec le péché.
Les âmes qui dormaient dans le péché, se réveillent, et décident de ne plus pratiquer le péché.

Le grand problème ici ; c'est peut-être, la signification des mots !
Car, **pratiquer** est un mot ou verbe qui signifierait : Se livrer de façon habituelle ou régulière
à quelque chose. C'est aussi avoir coutume de faire ou d'effectuer quelque chose. Et enfin,
avoir pour règle et mettre en application, un comportement, une théorie.
Ces quelques définitions emmènent à comprendre clairement que, pratiquer et **tomber** dans le
péché, sont deux mots différents.
Celui qui pratique ; **c'est sa nature**. Mais, celui qui tombe ; **c'est une faute**. Ce n'est pas sa
nature.

Ainsi, dans la plupart de nos communautés ; il y a beaucoup de gens qui sont ceux-là, qui
dorment plutôt que, qui se sont réveillés.
Car, les gens ne sont ni ne veulent se séparer du péché. C'est pourquoi, les vrais hommes de
Dieu doivent réfléchir sur le genre de travail qu'ils font ; avant de dire : « **Je sers Dieu** ! » ou
« **Je suis au service de l'Eternel** ! »

Lorsque ce travail ne se fait pas de façon recommandée ; il contribue à l'honneur de Satan le
diable, et non à celui de notre Dieu. Mais, nombreux de ceux qui se disent servir Dieu, ne
regardent pas à leur propre salut, mais plutôt, se plongent dans les distractions du diable, avec
ses démons. Et, leurs corps physiques deviennent des instruments pour permettre à Satan le
diable avec ses démons, **eux qui n'ont pas de corps physiques**, de s'approcher visiblement
des humains, et de leur parler comme des mêmes créatures, de la même nature qu'eux. Et,
comme ils parlent aussi bien que les humains ; ainsi, ils arrivent à capturer nombreux, dans
leurs pièges. Ce que l'on doit être sensé de connaître ; c'est que, il est écrit :

« **Que lorsque nous fermons aux autres le chemin du royaume ; nous-mêmes, nous n'y entreront pas** ».

Voir **Matthieu 23v13** : *'' Malheur à vous, scribes et pharisiens hypocrites ! parce que **vous fermez aux hommes le royaume des cieux ; vous n'y entrez pas vous-mêmes**, et vous n'y laissez pas entrer ceux qui veulent entrer. ''*

Il est à noter par ailleurs ; que ceux qui sont du malin n'entreront pas dans le royaume de Dieu, dans sa cité au ciel.

Et, à cause de cela, ils s'élèvent contre les fils et les filles du royaume dans un seul but : Les distraire, en les emmenant loin des paroles de Christ. Et par conséquent, empêchent les fils et les filles du royaume d'entrer dans le royaume de leur Père.

Or, parmi les serviteurs dans le monde ici ; il y a des serviteurs et des servantes de Dieu. Et, parmi eux tous ; il y a ceux qui ne le sont plus ; c'est –à-dire, les serviteurs corrompus d'une part, et ceux qui le sont restés.

Alors, il est important d'être vigilant, pour ne pas s'embrouiller.

Voir **1 Pierre 5v8-9** : *'' Soyez sobres, **veillez (être vigilant). Votre adversaire, le diable, rôde comme un lion rugissant, cherchant qui il dévorera.** Résistez-lui avec une foi ferme, sachant que **les mêmes souffrances sont imposées à vos frères dans le monde.** ''*

Les faux, certains se savent dans le faux. Tandis que certains d'autres ne se reconnaissent pas dans le faux. Ils pensent que, ce qu'ils font ; c'est juste, c'est de cette façon-là, que les choses se font. Ne sachant pas qu'ils sont au service de Satan le diable. Et, ils s'attribuent la place des serviteurs du Dieu vivant.

Voir **2 Corinthiens 11v13-15** : *'' **Ces hommes-là sont de faux apôtres, des ouvriers trompeurs, déguisés en apôtres de Christ.** Et cela n'est pas étonnant, puisque **Satan lui-même se déguise en ange de lumière.** Il n'est donc pas étrange que **ses ministres aussi se déguisent en ministres de justice.** Leur fin sera selon leurs œuvres. ''*

Seulement, ils ne savent pas pour certains, que leur cause est perdue. Tandis que les autres le savent ; ainsi, ceux qui le savent séduisent ceux qui demeurent encore du côté de Dieu, ceux qui sont intègres, pour les faire quitter dans leur union avec Dieu, afin de subir avec eux, tous la même condamnation !

N.B : Repentez-vous hommes et femmes et, revenez dans le service sacré, ceux

qui enseignaient aux hommes le message du royaume de Dieu, pour le salut de leurs âmes, et

qui sont ensuite tombés. Ainsi nous sauverons nos propres âmes, et celles des autres.

Voilà l'appel très important et vibrant, qui est lancé à tous les serviteurs ou servantes sous la

corruption, et la convoitise des biens de ce monde.

Les biens qu'ils n'emmèneront nulle part. Et dont même les héritiers n'emmèneront nulle part

comme eux-mêmes n'ont rien emporté !

S'enrichir ; ce n'est pas mauvais !

Seulement, ce n'est pas là, le message qui emmène au salut de l'âme !

Les biens terrestres sont des biens temporaires. C'est pourquoi, le message du royaume de

Dieu voudrait que, celui qui en a de plus, donne à celui qui n'en a pas, afin que les cœurs des

croyants, ne soient point attachés dans les choses temporaires. C'est ainsi que, il y aura un

sincère changement.

Voir **Luc 3v11-14** : *'' Il leur répondit :* **Que celui qui a deux tuniques partage avec celui qui**

n'en a point, et que celui qui a de quoi manger agisse de même. *Il vint aussi des publicains*

pour être baptisés, et ils lui dirent : Maître, que devons-nous faire ? Il leur répondit :

N'exigez rien au-delà de ce qui vous a été ordonné. *Des soldats aussi lui demandèrent : Et*

nous, que devons-nous faire ? Il leur répondit : **Ne commettez ni extorsion ni fraude envers**

personne, *et contentez-vous de votre solde. ''*

L'Evangile du royaume n'a qu'un seul but : Amener au changement !

LE MESSAGE DU ROYAUME DE DIEU

Le message du royaume de Dieu est unique dans son genre. Il ne concerne pas la façon

mécanique, ou intellectuelle pour prospérer !

Tel que pas mal de gens disent : Moi, Dieu m'a donné le message de la consolation ; tel

autre : moi, celui de la bénédiction ; tel autre encore, moi par contre, celui de la réconciliation,

etc.

Alors à bien voir ; c'est une forme d'ignorance qui a traversée des siècles comme çà, et qui

existe encore de nos jours.

Ainsi ; le mandat de Jésus-Christ pour tous serviteurs : Hommes et Femmes est le suivant :

'' Allez, prêchez, dites : Le royaume des cieux est proche. '' (**Matthieu 10v7**).

Or, dire : « **Le royaume des Cieux est proche !** » ; ce n'est pas tout !

Cette expression contient beaucoup de choses. C'est pourquoi, pour mieux le comprendre ; il faudrait aller voir Jean-Baptiste.

Car, Jean disait quelque chose de très importante ; lorsqu'il s'agissait d'apprendre aux gens, au sujet du royaume des cieux. Disait-il :

'' *Il disait :* ***Repentez-vous, car le royaume des cieux est proche.*** '' **(Matthieu 3v2).**

Le message du royaume de Dieu, emmène les croyants à la repentance. Pas autres choses ; et ensuite, à la conversion. Pas autres choses. C'est ce qui est écrit dans le livre des **Actes 3v19** :

'' ***Repentez-vous*** *donc et* ***convertissez-vous,*** *pour que vos péchés soient effacés.* ''

Pour que les péchés d'une personne soient effacés ; il faudrait bien que celle-ci se repente, et se convertisse. **Car, pardonner et effacer sont deux choses différentes** :

- Pardonner : C'est **ne plus tenir compte.**

- Effacer : C'est **faire disparaître, ôter.**

Ainsi, il y a des gens qui sont pardonnés, mais leurs péchés ne sont pas effacés. Cette condition n'est possible que si et seulement si, l'on n'est repenti et converti. Mais, si on s'est seulement repenti ; les péchés sont pardonnés, mais pas effacés. Ainsi donc, le message du royaume des cieux, une fois accepté et cru, apporte le pardon des péchés et la purification de l'âme. Et aussi, ce message emmène un changement à tous ceux des humains qui croient en Christ. Et, cela se fait au moyen de sa parole, comme il est écrit dans le livre de **2 Corinthiens 5v17** :

'' ***Si quelqu'un est en Christ, il est une nouvelle créature. Les choses anciennes (ou la vie passée) sont passées ; voici, toutes choses sont devenues nouvelles (une nouvelle vie).*** ''

La première nature de tout homme ; c'est celle du premier homme (ou Adam). Et, cette nature ; c'est l'homme souillé dans un vase de terre.

Voir **Genèse 2v7** : '' ***L'Éternel Dieu forma l'homme de la poussière de la terre, il souffla dans ses narines un souffle de vie et l'homme devint un être vivant.*** ''

Dieu va former avec de la boue de la terre, une forme de personnage, qu'il nommera : « Homme ». Ainsi, il va prendre l'homme encore en état d'âme, celui qui s'était souillé ; le mit dans ce corps. Et, puisque, celui qui était mis dans un corps, représentait un ensemble de comportements, de caractères, etc. Mais qui sont souillés. Et, ce comportements ou caractères, etc. sont ceux qu'on appelle par « **le vieil homme** », ou « **la vieille nature** ».

Pour l'identifier ; c'est très facile. Car, il est un comportement, et un caractère incarné. Il s'exprime au travers du corps, ils poussent ou entrainent ce corps à accomplir ses désirs ; lesquels des désirs se trouvent aussi dans le serpent ancien, appelé le diable et Satan.

Voir **Marc 7v21-23** : *'' Car c'est du dedans, c'est du cœur des hommes, que sortent les mauvaises pensées, les adultères, les impudicités, les meurtres, les vols, les cupidités, les méchancetés, la fraude, le dérèglement, le regard envieux, la calomnie, l'orgueil, la folie. Toutes ces choses mauvaises sortent du dedans, et souillent l'homme. ''*

Ainsi, c'est cet homme qui est mort, à cause de la connaissance et les convictions issues de Lucifer, qui est « **le corrompu** ».

Cette connaissance, laquelle est l'iniquité qui prendra place dans l'ange de Dieu nommé Lucifer. Et, c'est à cause de cette nature de corruption, qu'il sera appelé : « **Le péché** ».

Voir **Genèse 4v7** : *'' Certainement, si tu agis bien, tu relèveras ton visage, et si tu agis mal, **le péché se couche à la porte, et ses désirs se portent vers toi** : mais toi, domine sur lui. ''*

La lecture de ce passage montre que, le péché ici ; c'est tout un être. Car, il a des désirs.

Mais, par manque de corps physique ; il veut utiliser le corps de Caïn.

Car n'ayant pas de corps physique ; il se camoufle dans les corps dont les propriétaires sont distraits., ou animés d'ignorances. Et, il les rend esclaves de sa volonté, comme il est écrit dans le livre de **Jean 8v34** :

*'' En vérité, en vérité, je vous le dis, leur répliqua Jésus, **quiconque se livre (ou se soumet) au péché (ou l'être qu'on appelle ainsi) est esclave du péché (de cet être)**. ''*

Et, il est écrit dans le livre des **Romains 6v23** :

*'' Car **le salaire du péché, c'est la mort** ; mais le don gratuit de Dieu, c'est la vie éternelle en Jésus-Christ notre Seigneur. ''*

N.B : Le péché ; c'est le nom autre du diable. A cause de sa nouvelle nature. C'est pourquoi, pour l'arrêter, le juger, et le condamner ; lui et ses compagnons ; le Christ devait se déguiser en Satan le diable !

C'est-à-dire, au péché, pour aller à la croix.

Tel, il est écrit dans **2 Corinthiens 5v21** :

'' Celui (le Christ) qui n'a point connu le péché, il l'a fait devenir péché pour nous (ou, à cause de nous), afin que nous devenions en lui justice de Dieu. ''

C'est pourquoi, celui qui avait été crucifié, ce n'était pas en réalité lui-même, le Christ ; mais c'était Satan le diable. Et par lui ; tous les mauvais esprits.

Tel, il est écrit dans le livre des **Colossiens 2v14-15** :

'' il a effacé l'acte dont les ordonnances nous condamnaient et qui subsistait contre nous, et il l'a détruit en le clouant à la croix ; il a dépouillé les dominations et les autorités, et les a livrées publiquement en spectacle, en triomphant d'elles par la croix. ''

Ce passage montre bien que celui qui était crucifié, à la vue des hommes ; c'était Jésus-Christ. Mais selon Dieu ; la personne spirituellement qui était crucifiée ; c'était le péché, ou Satan le diable. Et, par lui, tous les démons.

Cet être, pensant que, tout ce qui se faisait par le Christ n'était qu'un semblant ; or c'était une réalité. Celui qui a été abandonné sur la croix ; ce n'était pas le Christ ; mais le péché. C'est-à-dire « **le diable** ». C'est ce qui est écrit dans le passage suivant : Voir **Matthieu 27v46** :

*'' Et vers la neuvième heure, Jésus s'écria d'une voix forte : Éli, Éli, lama sabachthani ? c'est-à-dire : **Mon Dieu, mon Dieu, pourquoi m'as-tu abandonné ?** ''*

Beaucoup de gens assimilent ce passage au Christ. Or, celui qui parle ici ; ce n'est plus le Christ ; c'est celui que le Christ a trainé à la croix : « **Le diable** » ; « **le condamné** ». Car, il est encore écrit dans le livre des **Colossiens 2v15** :

*'' Il a dépouillé **les dominations et les autorités**, et les a livrées publiquement en spectacle, en triomphant d'elles par la croix. ''*

Dans le livre des Ephésiens, le Saint-Esprit, par Paul édifie l'Eglise, en montrant que, les dominations et les autorités ici, il s'agit d'une catégorie des mauvais esprits.

Voir **Ephésiens 6v12** : *'' **Car nous n'avons pas à lutter contre la chair et le sang, mais contre les dominations, contre les autorités**, contre les princes de ce monde de ténèbres, contre les esprits méchants dans les lieux célestes. ''*

N.B : Le péché étant cloué ; tout celui qui croie et qui garde les paroles de Jésus a de l'autorité sur Satan et ses démons. Tel, il est écrit dans le livre de **Luc 10 19** :

*'' Voici, **je vous ai donné le pouvoir de marcher sur les serpents** (une catégorie des démons) et les scorpions (une catégorie des démons), et sur toute la puissance de l'ennemi (le diable) ; et rien ne pourra vous nuire. ''*

Et encore dans le livre de **Marc 16v17** :

*'' Voici les miracles qui accompagneront ceux qui auront cru : en mon nom, **ils chasseront les démons** ; ils parleront de nouvelles langues. ''*

REMARQUES TRES IMPORTANTES 5

Il y a un problème qui se pose ; lorsque nous considérons le passage biblique suivant : *'' **Le salaire du péché c'est la mort** ... ''* (**Romains 6v23**).

En remarque ; on ne parle pas des péchés ; mais du péché. C'est-à-dire : Du diable. C'est au diable. Alors, pour mieux comprendre cela ; il faudrait d'abord connaître la mort.

Il y a une mort ; celle qu'on a eu déjà à mentionner ; celle de la séparation de l'être humain. Cette mort est différente de la première mort citée dans le livre de l'Apocalypse ; laquelle est le lieu des tourments, dans le séjour des morts. Ainsi, la seconde mort ; c'est l'étang de feu.

Voir **Apocalypse 20v14-15** : *'' Et la mort et le séjour des morts furent jetés dans l'étang de feu. C'est **la seconde mort, l'étang de feu**. ''*

Cet étang de feu est encore appelé : « **Le feu éternel** ».

Voir **Matthieu 25v41** : *'' Ensuite il dira à ceux qui seront à sa gauche : Retirez-vous de moi, maudits ; allez dans **le feu éternel** qui a été préparé pour le diable et pour ses anges (les démons). ''*

Il y a en ce qui concerne le message du royaume des cieux ; plusieurs de la majorité des prédicateurs qui n'en connaissent pas trop la profondeur. Et, parmi ceux qui connaissent le message du royaume des cieux ; c'est à peu-près à 90% des prédicateurs qui ont peur d'en prêcher, sous prétexte ; qu'ils perdront les membres de leurs communautés.
Ainsi, ils ne travaillent que pour eux-mêmes. Et, ces communautés appartiennent à leurs fondateurs. Et donc, un très petit nombre de ceux qui sont envoyés demeurent fidèles au Maître. Ce qui est vrai ; tous ceux-là ; c'est le feu éternel qui leurs attend ; pour certains ! Et, pour les autres ; ce sont les ténèbres du dehors, qui les attendent.

Voir **Matthieu 25v30** : *'' Et **le serviteur inutile, jetez-le dans les ténèbres du dehors**, où il y aura des pleurs et des grincements de dents. ''*

N.B : Il est vrai que l'âme serait l'ensemble des sentiments et des affections. Sans âme, on ne peut pas aimer, ni haïr ni accepter ou refuser. L'âme est la partie de l'être humain qui décide sur toute chose avant que le corps ne puisse jouer son rôle. C'est-à-dire ; entrer en action. C'est pourquoi, l'âme pêche.

CE QUI EST UNE ÂME

Il faudrait tout d'abord retenir que, sans âme, le corps ne peut rien. Car la séparation de l'esprit avec le corps, c'est ce qu'on appelle par le « **comma** » ou « **évanouissement** », « **la crise** » ou « **perte de mémoire** ».

Mais pour autant la personne n'est pas encore morte. Elle respire. Seulement, elle est inconsciente. Tandis que la séparation du corps et de l'âme, c'est ce qu'on appelle par la « **mort** » tel qu'il écrit dans l'épître de **Jacques 2v26** :

*''Comme **le corps sans âme est morte**, de même la foi sans les œuvres est morte.''*

Il est dit souvent que l'âme c'est le sang, tel qu'on peut le lire dans le livre de **Lévitique 17v14** :

*'' Car **l'âme de toute chair, c'est son sang**, qui est en elle. C'est pourquoi j'ai dit aux enfants d'Israël : Vous ne mangerez le sang d'aucune chair ; car l'âme de toute chair, c'est son sang : quiconque en mangera sera retranché. ''*

C'est une façon de dire que, le corps sans le sang ne peut pas vivre, ou resté en vie. Mais, il y a des gens qui meurent sans perdre leur sang.

Alors, on peut aussi comprend qu'avec le sang dans le corps ; on peut mourir. Le sang est matériel ; quelque chose de physique. Mais à la différence de l'âme, laquelle serait, l'ensemble des sentiments ou des affections. L'âme n'est point visibles !

Donc, elle n'est pas matérielle !

Et, si cela est présenté comme par le sang ; c'est qu'il y a un rapport ente l'âme et le sang.

On peut facilement le constater lorsque l'homme reçoit un message troublant, de façon brusque ; le rythme de battement cardiaque peut soit s'accélérer, soit ralentir, soit encore s'arrêter. Du coup, le sang peut commencer à circuler rapidement à cause du message reçu, ou à circuler lentement, ou encore s'arrêter de circuler. Et l'homme meurt. Alors, ce sont les sentiments émis par l'âme qui serait à l'origine de tout cela.

Et donc, c'est à cause de la manifestation de l'âme qu'une personne s'attache à certaines choses, et à certaines personnes. Elle les aime et est jalouse d'elles. C'est comme, on peut voir dans le cas de David avec Jonathan. Il est écrit dans le livre de **1 Samuel 18v1** :

*'' David avait achevé de parler à Saül. Et dès lors **l'âme de Jonathan fut attachée à l'âme de David**, et Jonathan l'aima comme son âme. ''*

L'âme pèche, et l'âme meurt.
Puis que l'âme émet un certain comportement ; cela lui rend capable de pécher, soit encore de ne pas pécher. Et donc enfin ; l'âme meurt. C'est ce que l'on a vu, bien un peu plus loin.

Voir **Ezéchiel 18v4** : *'' Voici, toutes les âmes sont à moi ; l'âme du fils comme l'âme du père, l'une et l'autre sont à moi ; **l'âme qui pèche, c'est celle qui mourra.** ''*

Mais seulement, en considérant le peu de ce qui est présenté dessus ; cela montre que l'âme, c'est l'être qui utilise un corps (**corps humain**) pour s'exprimer là-dedans pour un temps, puis se séparer de celui-ci ; dès lors qu'il est détruit, ou lorsque le moment est venu.
A la mort de l'être humain ; l'âme ne meurt pas !
Ce qui voudrait dire qu'il y a pour elle aussi, comme chez les autres parties de l'être humain ; un lieu où elle part. Et comme les autres parties ont leurs destinations ; l'âme a aussi sa destinée ; tel que l'on peut le lire dans les **Psaumes 30v4** :

*'' Éternel ! **tu as fait remonter mon âme du séjour des morts**, tu m'as fait revivre loin de ceux qui descendent dans la fosse. ''*

L'âme, à la mort du corps humain part dans le séjour des morts. Voilà sa destination provisoire, avant le jugement éternel, pour ceux qui seront jugés. Tandis que, pour ceux qui iront à l'enlèvement, ne passeront pas par ce jugement éternel. Car, sur la terre, ils vivent des situations difficiles ; des tribulations, des persécutions, etc. Et, tout cela représente pour eux, une forme de jugement divin, afin qu'ils ne soient pas jugés avec le monde, selon le passage de **2 Thessaloniciens 1v4-6** :

*'' Aussi nous glorifions-nous de vous dans les Églises de Dieu, à cause de **votre persévérance et de votre foi au milieu de toutes vos persécutions et des tribulations que vous avez à supporter. C'est une preuve du juste jugement de Dieu,** pour que vous soyez jugés dignes du royaume de Dieu, pour lequel vous souffrez. Car il est de la justice de Dieu de rendre l'affliction à ceux qui vous affligent. ''*

Ayant parcouru les bases liées à la mort, lesquelles constituent l'ensemble des raisons sur l'existence ou la non existence des êtres humains ; et, ayant compris ce pourquoi, il y a la mort ; et qu'est-ce que la mort ; on doit retenir que, les morts reviennent aussi à la vie, par des moyens inexplicables. Donc mystérieusement. Et donc, quelques cas seront envisageables, pour des éclaircissements important pour le message dans ce livre.

QUELQUES RECITS DES MORTS REVENUS EN VIE

Il y a dans la Bible, des témoignages sur la résurrection d'un grand nombre de personnes. Et, c'est ce que l'on verra ; cas par cas. Et en donner des éclairages. Mais, seulement, cette résurrection n'a rien à avoir avec ce que la Bible appelle par la première résurrection ou encore, la deuxième résurrection, ou la dernière résurrection, laquelle concerne directement le l'enlèvement de l'Eglise, ou des élus, et le jugement dernier.

N.B : Tous ceux qui étaient ressuscité dans la Bible, n'avaient jamais rapporté des récits, tel qu'ils avaient soit vu, soit vécu, là où, ils étaient partis, afin de ramener aux vivants des prétextes tels que, pour amener les gens à la connaissance de Dieu, et par là, au salut !
Car, si l'on veut considérer, ce que, le père Abraham avait répondit au mauvais riche de la circonstance du pauvre Lazare, étant dans le séjour des morts ; il est important de savoir que, le salut ne s'obtient pas de cette façon-là !

Voir **Luc 16v29,31** : *'' Abraham répondit : Ils ont Moïse et les prophètes (l'Ancien Testament) ; qu'ils les écoutent. Et Abraham lui dit : S'ils n'écoutent pas Moïse et les prophètes, ils ne se laisseront pas persuader quand même quelqu'un des morts ressusciterait. ''*

Et, c'est ce que l'on vit de temps en temps ; lorsqu'une personne soit disant était morte, et qu'elle revient en vie, et le confesse devant les gens ; nulle personne, se laisse persuader par ses discours. Certaines personnes, peuvent avoir peur, donc de l'émotion. Mais juste pour un temps, et après, ils oublient. Alors, la Bonne Nouvelle du royaume de Dieu, et, le témoignage d'un bien-aimé qui serait soit disant ressuscité ; ce n'est pas la même chose.
Etant donné, qu'on a parlé de la résurrection ; il faudrait qu'on essaie d'en dire quelque choses.

- La première résurrection :

Cette résurrection ne concerne que les saints. C'est-à-dire le peuple de Dieu. Donc, l'Eglise du Seigneur. Voir **Apocalypse 20v6** : *'' Heureux et saints ceux qui ont part à la première* *résurrection* ! *La seconde mort (ou l'étang de feu, d'après* **Apocalypse 20v14***) n'a point de pouvoir sur eux ; mais ils seront sacrificateurs de Dieu et de Christ, et ils régneront avec lui pendant mille ans.* ''

N.B : Cette résurrection se manifestera en même temps que l'enlèvement de l'Eglise du Seigneur Jésus-Christ. Voir **1 Thessaloniciens 4v16-17** :

'' *Car le Seigneur lui-même, à un signal donné, à la voix d'un archange, et au son de la trompette de Dieu, descendra du ciel, et* **les morts en Christ ressusciteront premièrement. Ensuite, nous les vivants, qui serons restés, nous serons tous ensemble enlevés avec eux sur des nuées, à la rencontre du Seigneur dans les airs,** *et ainsi nous serons toujours avec le Seigneur.* ''

- La deuxième résurrection :

Cette deuxième résurrection est pour tous ceux qui resteront, lors de la première. C'est-à-dire ; ceux qui ne sont pas mort en Christ, et ceux qui avaient abandonné le Christ (ou les rétrogrades). Elle sera suivie aussitôt du jugement dernier ; encore appelé : « **Jugement éternel** ».

Voir **Apocalypse 20v11-15** : '' *Puis je vis* **un grand trône blanc,** *et celui qui était assis dessus.* **La terre et le ciel s'enfuirent devant sa face,** *et il ne fut plus trouvé de place pour eux. Et je vis* **les morts, les grands et les petits, qui se tenaient devant le trône. Des livres furent ouverts. Et un autre livre fut ouvert,** *celui qui est* **le livre de vie. Et les morts furent jugés selon leurs œuvres, d'après ce qui était écrit dans ces livres.** *La mer rendit les morts qui étaient en elle, la mort et le séjour des morts rendirent les morts qui étaient en eux ; et chacun fut jugé selon ses œuvres. Et la mort et le séjour des morts furent jetés dans l'étang de feu. C'est* **la seconde mort, l'étang de feu.** *Quiconque ne fut pas trouvé écrit dans le livre de vie fut jeté dans l'étang de feu.* ''

C'est pour dire que ; la résurrection dont il est question ici ; ce n'est pas les deux qui viennent d'être citées ; lesquelles s'en suivent chacune d'un évènement tout à fait spécial. C'est-à-dire, pour la première : L'enlèvement du peuple de Dieu, pour rejoindre leur Seigneur au ciel. Et la deuxième : Le jugement dernier ; pour tous ceux qui ne faisaient pas parties du peuple de Dieu, ou de ceux qui faisaient partie du peuple de Dieu ; mais, qui avaient fini par se retirer. Et sont tombés dans l'Apostasie. Mais, la résurrection qui sera fait état ici ; c'est celle qui a lieu de temps en temps, dans cette vie présente. Et donc, c'est de celle-là que l'on parlera.

LES MORTS BIBLIQUES REVENUS A LA VIE

Il y a eu dans la Bible, des gens qui ont été morts, et qui par après ont recouvert la vie avant la résurrection du dernier jour. Et cela, soit par une prière, soit par un ordre donné, etc. Ainsi, on peut voir quelques exemples sur ces faits :

- Le cas du fils de la femme de la ville de Sunème.

Il y avait dans une ville nommée Sunème, une femme qui était stérile, et dont le mari avait pris aussi de l'âge. Un couple qui n'avait pas d'enfant. Et, par la prière faite par Elisée, le prophète ; cette femme conçue. Ainsi, suite à la prière faite par Elisée, le prophète de Dieu, successeur d'Elie, le Tischbite, ce couple aura un petit mignon garçon. On peut lire ce qui arriva ensuite, dans le livre des Rois.

Voir **2 Rois 4v18-20,33-37** : '' *L'enfant grandit. Et un jour qu'il était allé trouver son père vers les moissonneurs, **il dit à son père : Ma tête ! ma tête ! Le père dit à son serviteur : Porte-le à sa mère.** Le serviteur l'emporta et l'amena à sa mère. Et l'enfant resta sur les genoux de sa mère jusqu'à midi, puis **il mourut. Élisée entra et ferma la porte sur eux deux, et il pria l'Éternel.** Il monta, et se coucha sur l'enfant ; il mit sa bouche sur sa bouche, ses yeux sur ses yeux, ses mains sur ses mains, et il s'étendit sur lui. Et la chair de l'enfant se réchauffa. Élisée s'éloigna, alla çà et là par la maison, puis remonta et s'étendit sur l'enfant. Et l'enfant éternua sept fois, et **il ouvrit les yeux.** Élisée appela Guéhazi, et dit : Appelle cette Sunamite. Guéhazi l'appela, et **elle vint vers Élisée, qui dit : Prends ton fils** ! Elle alla se jeter à ses pieds, et se prosterna contre terre. Et elle prit son fils, et sortit.* ''

N.B : Cet enfant de la Sunamite avait rendu l'âme. Seulement, il était parti nulle part ailleurs ; mais il était retenu par la mort. C'est ce qui a permis à l'homme de Dieu, de la ramener à la vie. Et, cela ne veut pas dire que cet enfant ne pouvait plus mourir !

D'ailleurs, où est-il aujourd'hui ?

Donc, on peut aujourd'hui confirmer, qu'il se trouve dans le séjour des morts ! Seulement, on ne sait pas trop, de quel côté du séjour des morts, il doit se trouver !

- Le cas de résurrection spectaculaire de la fille du chef de la synagogue.

Il y avait un homme attaché à Dieu, selon la religion juive. Il se nommait Jaïrus. Lequel avait perdu sa fille, pendant qu'il partit chercher du secours auprès de Jésus. De gens qui étaient restés chez lui, vinrent lui informer sur la mort de l'enfant, après à peine son déplacement. La mort avait alors été confirmé. On peut voir cela dans le livre de Marc.

Voir **Marc 5v35,41,42** : *'' Comme il parlait encore, survinrent de chez le chef de la synagogue des gens qui dirent : Ta fille est morte ; pourquoi importuner davantage le maître ? Il la saisit par la main, et lui dit : Talitha koumi, ce qui signifie : Jeune fille, lève-toi, je te le dis. Aussitôt la jeune fille se leva, et se mit à marcher ; car elle avait douze ans. Et ils furent dans un grand étonnement. ''*

N.B : Ici, l'âme n'était pas encore allée dans le séjour des morts ; mais retenue dans le lieu de la mort. Voilà comment, la fille de douze ans fut ramenée en vie !
On dirait pour cela ; que c'est une prolongation de la vie terrestre. Et non la résurrection dont il est question pour le dernier jour.

- Il y a aussi le retour à la vie d'un mort par le contact avec les os d'Elisée.

Il y avait un homme dont l'identité n'est pas déclinée, qui fut mort. Et pendant que l'on partait pour son enterrement ; il arriva que, suite à un incident quelconque, les enterreurs puissent jeter le corps par peur, dans un ravin, et prirent la fuite. Et le corps se retrouvera dans le sépulcre d'Elisée. Heurtant les os de l'homme de Dieu mort, depuis déjà un an passé ; et le mort revint à la vie.

Voir **2 Rois 13v20-21** : *'' **Élisée mourut, et on l'enterra**. L'année suivante, **des troupes de Moabites pénétrèrent dans le pays**. Et **comme on enterrait un homme**, voici, on aperçut une de ces troupes, et l'**on jeta l'homme dans le sépulcre d'Élisée**. L'homme alla toucher les os d'Élisée, et **il reprit vie et se leva sur ses pieds**. ''*

N.B : Elisée était, ou se trouvait déjà dans le séjour des morts. Mais, ce mort, lui, pas encore. Il était retenu encore par la mort.

REMARQUES TRES IMPORTANTES 6

Il y a des gens qui sont retenus par la mort, et des gens qui partent ou se trouve dans le séjour des morts.
Ainsi, on vient de voir comment est-ce que, ces derniers, malgré morts, mais leurs âmes

n'étaient pas encore emmenées dans le séjour des morts ; ils étaient revenus à la vie. Et dans cette lignée, on peut encore ajouter :

- Dorcas ou Tabitha.

Cette croyante de l'Eglise de Christ qui était dans la ville de Joppé, laquelle était morte, de suite d'une maladie. On prit son corps, et le déposé à l'étage, sur son lit. A l'arrivée de Pierre, celui-ci adressa en sa faveur une prière à Dieu ; et elle revint à la vie.

Voir **Actes 9v36-37,40,41** : *'' Il y avait à Joppé, parmi les disciples, une femme nommée Tabitha, ce qui signifie Dorcas : elle faisait beaucoup de bonnes œuvres et d'aumônes. **Elle tomba malade en ce temps-là, et mourut.** Après l'avoir lavée, on la déposa dans une chambre haute. **Pierre fit sortir tout le monde, se mit à genoux, et pria** ; puis, se tournant vers le corps, **il dit : Tabitha, lève-toi ! Elle ouvrit les yeux, et ayant vu Pierre, elle s'assit.** Il lui donna la main, et la fit lever. Il appela ensuite les saints et les veuves, et la leur présenta vivante. ''*

- On peut aussi encore, voir le cas d'un jeune homme tombé du troisième niveau à l'étage.

Eutychus était un jeune homme qui se trouvait dans la salle où Paul prêchait, dans une circonstance assimilable à une activité de veillée de prière, ou de nuit de prière. Il était parmi les croyants de l'Eglise du Seigneur, qui était dans la ville de Troas. Il sera emporté par le sommeil, ainsi, de la fenêtre où, il était assis, du haut du troisième étage, il se retrouva au sol, mort pratiquement.

Voir **Actes 20v7-12** : *'' Le premier jour de la semaine, nous étions réunis pour rompre le pain. Paul, qui devait partir le lendemain, s'entretenait avec les disciples, et il prolongea son discours jusqu'à minuit. Il y avait beaucoup de lampes dans la chambre haute où nous étions assemblés. Or, un jeune homme nommé **Eutychus, qui était assis sur la fenêtre, s'endormit profondément pendant le long discours de Paul ; entraîné par le sommeil, il tomba du troisième étage en bas, et il fut relevé mort.** Mais Paul, étant descendu, se pencha sur lui et le prit dans ses bras, en disant : Ne vous troublez pas, car son âme est en lui. Quand il fut remonté, il rompit le pain et mangea, et il parla longtemps encore jusqu'au jour. Après quoi il partit. **Le jeune homme fut ramené vivant,** et ce fut le sujet d'une grande consolation. ''*

Ainsi, il y a des cas où, les âmes partent dans le séjour des morts, et elles ne peuvent revenir à la vie qu'à la première résurrection, ou à la deuxième résurrection. C'est-à-dire ; la résurrection du dernier jour. Ainsi pour cela, on peut voir des cas comme celui de Lazare qui était ressuscité par le Seigneur Jésus, dont Marthe croyait qu'il ne ressusciterait plus qu'au dernier jour. Et cela, suite à l'état donc du corps qui avait subi des traitements traditionnelles d'embaument. Le traitement qui voudrait, que tout ce qui est de l'intérieur du ventre du mort, soient retirés, pour éviter que le corps sente vite, ou se décompose vite.

Lazare était né d'une famille de trois enfants, dont deux filles, et un garçon ; dont lui. Lazare va trouver donc la mort, puis, il sera enterré. Décomposé ; mais le Seigneur Jésus-Christ le ramènera à la vie.

Voir **Jean 11v11,14,43-44** : *'' Après ces paroles, il leur dit : **Lazare, notre ami, dort ; mais je vais le réveiller.** Alors **Jésus leur dit ouvertement : Lazare est mort.** Ayant dit cela, il cria d'une voix forte : **Lazare, sors !** Et **le mort sortit,** les pieds et les mains liés de bandes, et le visage enveloppé d'un linge. Jésus leur dit : Déliez-le, et laissez-le aller. ''*

N.B : Lazare était mort, enterré ; quatre jours après, on a ouvert la tombe, à la demande de Jésus-Christ ; et, il appela le mort par son nom ; qui sortit de lui-même, de sa tombe. Ce qui est encore important ici, et à retenir ; c'est que, « **le séjour des morts n'était pas encore ouvert** ». Et, il était pratiquement impossible aux morts de s'y rendre, ou d'y être conduits. C'était parce que, celui qui a les clefs du séjour des morts, ne s'y était pas encore rendu, pour l'ouvrir. Et, celui qui a ces clefs ; c'est le Christ !

Voir **Apocalypse 1v17-18** : *'' Quand je le vis, je tombai à ses pieds comme mort. Il posa sur moi sa main droite en disant : Ne crains point ! **Je suis le premier et le dernier, et le vivant. J'étais mort ; et voici, je suis vivant aux siècles des siècles. Je tiens les clefs de la mort et du séjour des morts.** ''*

Lorsque Lucifer fut un saint ange de Dieu ; c'était lui qui détenait les clefs de la mort. Mais, le Christ, venant dans le monde, les lui ravit. Ainsi, Lucifer devenu le diable et Satan va perdre le pouvoir (ou les clefs) de la mort.

Voir **Hébreux 2v14-15** : *'' Ainsi donc, puisque les enfants participent au sang et à la chair, il y a également participé lui-même, afin que, par la mort, **il anéantît celui qui a la puissance (ou la clef) de la mort, c'est-à-dire le diable,** et qu'il délivrât tous ceux qui, par crainte de la mort, étaient toute leur vie retenus dans la servitude. ''*

Les clefs de la mort étaient entre les mains de Satan le diable. Et, le Christ devait les lui ravir, pour délivrer tous ceux qui étaient justement ou injustement retenus en prison par le méchant ; le diable. Ce, dans le lieu de la mort tout comme dans ce monde. Car, il intimidait les humains de temps en temps, afin que ceux-ci lui soient de gré ou de force soumis.

REMARQUES TRES IMPORTANTES 7

La mort est le lieu, ou l'espace, ou encore, en quelque sorte, un pont ou passage des âmes, à la mort des êtres humains pour être acheminées dans le séjour des morts.

En fait ; c'est là que viennent les âmes de ceux qui ont quitté la terre ; et, c'est effectivement là que, les anges qui s'occupent de leur acheminement vers le séjour des morts viennent les récupérer, ou les chercher. Car, arrivées là ; les âmes sont étrangères. Il faudrait bien, un guide pour les conduire au séjour des morts. On peut voir cette illustration dans le livre de **Luc 16v22-23** :

'' Le pauvre mourut, et il fut porté par les anges dans le sein d'Abraham. Le riche mourut aussi, et il fut enseveli. Dans le séjour des morts, il leva les yeux ; et, tandis qu'il était en proie aux tourments, il vit de loin Abraham, et Lazare dans son sein. ''

Ce sont les anges de Dieu qui viennent chercher les âmes de ceux qui meurent dans le monde des vivants, pour les acheminées vers le séjour des morts. Il s'agit donc des âmes de ceux qui n'ont rien à avoir avec le lieu dans le sein des mers.

Et, concernant ceux du lieu au sein des mers ; le diable ou ses anges déchus ; ce sont eux qui viennent les récupérer, pour les emmener dans leur lieu. Comme le fut le cas de Moïse qu'on avait vu précédemment.

Voir **Jude v9** : *'' Or, l'archange Michel, lorsqu'il contestait avec le diable et lui disputait le corps de Moïse, n'osa pas porter contre lui un jugement injurieux, mais il dit : Que le Seigneur te réprime ! ''*

N.B : Avant que le Christ ne vienne mourir dans ce monde ; le séjour des morts ne contenait aucune âme. Car, le Christ n'avait pas encore ouvert le séjour des morts.

Et donc, c'est lorsque les âmes sont dans le lieu de la mort, que l'on peut les voir revenir dans ce monde, ou que l'on peut avoir contact mystiquement, avec elles. Et aussi, lorsqu'elles sont dans le lieu au sein des mers, que les morts peuvent revenir, ou que l'on peut être en contact avec elles, mystiquement.

C'est pourquoi ; on pourrait remarquer, certains contacts qui s'opéraient par ceux qui évoquent les morts pouvaient marcher. Tel est le cas de Saül pour Samuel, auprès d'une femme qui évoquait les morts. Samuel devait se retrouver dans le lieu de la mort, bien qu'à cette époque-là, on employait seulement l'appellation séjour des morts. Car, le vrai séjour des morts, dans le sens propre du mot, n'était pas encore ouvert. Et donc, tous étaient acheminés dans ce lieu.

Voir **1 Samuel 28v8,11,12-14** : *'' Alors Saül se déguisa et prit d'autres vêtements, et il partit avec deux hommes. Ils arrivèrent de nuit chez la femme. Saül lui dit : Prédis-moi l'avenir en évoquant un mort, et fais-moi monter celui que je te dirai. La femme dit : Qui veux-tu que je te fasse monter ? Et il répondit : Fais-moi monter Samuel. Lorsque la femme vit Samuel, elle poussa un grand cri, et elle dit à Saül : Pourquoi m'as-tu trompée ? Tu es Saül ! Le roi lui dit : Ne crains rien ; mais que vois-tu ? La femme dit à Saül : je vois un dieu qui monte de la terre. Il lui dit : Quelle figure a-t-il (**ce qui veut dire : Que seule la femme voyait, et pouvait entrer en contact avec le mort, pas Saül**) ? Et elle répondit : C'est un vieillard qui monte et il est enveloppé d'un manteau. Saül comprit que c'était Samuel, et il s'inclina le visage contre terre et se prosterna. ''*

Ainsi, lorsque l'âme se trouvait dans ce lieu de la mort ; on pouvait entrer en contact avec elle. Mais, par des moyens occultes.
L'Eternel Dieu refusait ces pratiques, car, ce sont les esprits impurs qui initiaient ces genres de pratiques aux humains.

Voir **Deutéronome 18v10-11** : *'' **Qu'on ne trouve chez toi** personne qui fasse passer son fils ou sa fille par le feu, personne qui exerce le métier de devin, d'astrologue, d'augure, de magicien, d'enchanteur, personne qui consulte ceux qui évoquent les esprits ou disent la bonne aventure, **personne qui interroge les morts**. ''*

Or, il y a une chose très importante à retenir ; les morts, leurs connaissances s'arrêtent à leurs derniers vécus sur la terre. Et cela, c'est ce qui reste aggraver dans leurs mémoires ou souvenir. C'est pourquoi ; Samuel n'a pas tardé à faire reconnaître à Saül ceci :

Voir **1 Samuel 28v17** : *'' **L'Éternel te traite comme je te l'avais annoncé de sa part** ; l'Éternel a déchiré la royauté d'entre tes mains, et l'a donnée à un autre, à David. ''*

Ainsi, les morts n'ont rien de nouveau à apprendre aux vivants. Et, si ce n'est pas un homme qui craignait Dieu ; il pouvait aussi distraire, ou mentir le vivant ; pour le traîner loin de la croyance en Dieu.
Mais aussi ; le mort a avec lui, seule connaissance des choses qu'il avait connue, étant dans la chair. Ainsi, il est incapable de dire des choses qu'il n'avait point connues de son vivant.

Voir **Ecclésiaste 9v5-6** : *'' Les vivants, en effet, savent qu'ils mourront ; mais les morts ne savent rien, et il n'y a pour eux plus de salaire, puisque leur mémoire est oubliée. Et leur amour, et leur haine, et leur envie, ont déjà péri ; et ils n'auront plus jamais aucune part à tout ce qui se fait sous le soleil. ''*

Les morts n'ont plus rien à avoir dans ce monde des vivants. C'est pourquoi ; toute croyance ayant tendance à faire croire aux humains, sur l'existence des soient disant ancêtres au milieu des vivants est fausse. Tous ces mauvais esprits qui ont été précipités par Michel ainsi que les autres anges de Dieu, propre dans ce domaine de luttes célestes. Et, ils se retrouvent nombreux dans ce monde, mais invisiblement. Et, donc, ils ont pour occupation, ou rôle ; de distraire, et de perdre les humains, afin qu'ils ne trouvent point le chemin d'aller vers leur Dieu Créateur. Et, qui se font passer des ancêtres des humains.

Ainsi, ce sont des anges déchus ; communément appelés par des « **mauvais esprits** », ou les « **démons** » ; lesquels existent dans différents milieux de vie des êtres humains ; ce sont eux donc qui manifestent dans les pensées de leurs otages ; des formes de visions, de formes des songes, etc. Ils leur apportent des informations qui sont liées au mensonge, et autres ; et les poussent à croire à ce qui est faut.

Si le diable n'a pas de vérité ; comment ses anges pourront-ils avoir à dire la vérité ?

REMARQUES TRES IMPORTANTES 8

Lorsque le Seigneur Jésus-Christ était ressuscité des morts ; à son retour du monde ; il y avait de ces serviteurs de Dieu morts très longtemps, qui revinrent à la vie ensemble avec lui. Etant ressuscités par la puissance de son retour dans le monde des vivants.

Et, ils s'étaient présentés, auprès de ceux qui les connaissaient à Jérusalem. Et, ils furent reconnus par les leurs. Donc, c'était un réel retour à la vie. Seulement, on ne sait pas trop, après, ce qui s'était passé.

Voir **Matthieu 27v52-53** : *'' les sépulcres s'ouvrirent, et plusieurs corps des saints qui étaient morts ressuscitèrent. Étant sortis des sépulcres, après la résurrection de Jésus, ils entrèrent dans la ville sainte, et apparurent à un grand nombre de personnes. ''*

Ayant ravi au diable les clefs du lieu de la mort ; il ouvrit le lieu des morts, fit sortir les morts qui y étaient ; pour les faire entrer dans le séjour des morts, ou le lieu où partent désormais les morts qui auront atteints leurs jours ici-bas. Ce lieu est encore reconnu du territoire où règne Abraham comme chef.

Mais encore ; un jour ; le Seigneur Jésus se trouvait avec Moïse et Elie, et ils parlaient de son départ pour Jérusalem ; il va se retrouver avec Moïse et Elie. Ils s'entrainaient ensemble.

Voir **Matthieu 17v1-3** : *'' Six jours après, Jésus prit avec lui Pierre, Jacques, et Jean, son frère, et il les conduisit à l'écart sur une haute montagne. Il fut transfiguré devant eux ; son visage resplendit comme le soleil, et ses vêtements devinrent blancs comme la lumière. Et voici,* **Moïse et Élie leur apparurent, s'entretenant avec lui**. *''*

Moïse a existé plusieurs siècles avant Elie, dans ce monde. Et, Elie également a existé plusieurs siècles, avant les apôtres qui les virent, lors de la transfiguration du Seigneur. Alors, la question qu'il faudrait se poser est la suivante : Comment surent-ils, qu'il s'agit là ; de Moïse et d'Elie, alors que dans le livre de Luc, on parle de deux hommes, avant de préciser que, c'est Moïse et Elie ?

Voir **Luc 9v30** : *'' Et voici,* **deux hommes s'entretenaient avec lui** *: c'étaient Moïse et Élie. ''*

Etant donné que ce passage parle de deux hommes ; donc, on peut croire ; que, c'est le Seigneur Jésus qui leur dira certainement : « **Que c'étaient Moïse et Elie, avec qui, je m'entrainais** » !

Et alors, lorsqu'ils ont raconté à ceux qui ont écrit ces livres, ils dirent en expliquant ; que ces deux hommes ; c'étaient Moïse et Elie. Car, les trois disciples n'avaient jamais connu le visage de Moïse ou celui d'Elie, en dehors de leurs noms.

N.B : Ce qui est important pour nous, ils avaient disparu chacun à sa manière.

- Moïse était tombé du haut de la montagne ; et son corps n'avait point été vu.

Voir **Deutéronome 34v5-6** : *'' Moïse, serviteur de l'Éternel, mourut là, dans le pays de Moab, selon l'ordre de l'Éternel. Et* **l'Éternel l'enterra dans la vallée**, *au pays de Moab, vis-à-vis de Beth-Peor.* **Personne n'a connu son sépulcre jusqu'à ce jour**. *''*

- Elie était enlevé devant son disciple Elisée, après la traversée miraculeuse du Jourdain.

Voir **2 Rois 2v11-12** : *'' Comme ils continuaient à marcher en parlant, voici, un char de feu et des chevaux de feu les séparèrent l'un de l'autre, et* **Élie monta au ciel dans un tourbillon**. *Élisée regardait et criait : Mon père ! mon père ! Char d'Israël et sa cavalerie ! Et* **il ne le vit plus**. *Saisissant alors ses vêtements, il les déchira en deux morceaux. ''*

Moïse dit-on était mort !
Mais, personne n'avait vu ni son cadavre, ni sa tombe.

Elie, lui était enlevé au ciel !

Mais ce faisant ; plusieurs siècles après ; ils réapparurent, s'entretenant avec le Seigneur Jésus-Christ à la montagne de la transfiguration.

LE RESUME

Le séjour des morts est un sujet très pertinent, et très important. Nombreux d'humains pensent qu'ils existent comme par un pur hasard. Et, donc, ils se donnent à conduire leurs vies, comme, ils le pensent ; en bien ou en mal. Le fait de ne pas prendre au sérieux, les notions concernant le séjour des morts ; nombreux encore pensent que, la mort correspondrait à une perte de l'existence. Ainsi, pour eux, la mort ; c'est l'arrêt définitive de la vie. Et, le cimetière ou le sépulcre serait donc la dernière demeure, après la vie terrestre.

Or, tout être humain est la composition des trois parties suivantes : L'esprit, l'âme et le corps. Ces trois parties travaillent en harmonie ; c'est ce qui permet de parler d'un être vivant. Par contre, la mort ; c'est la séparation de ces trois parties. Mais, ce qui est important ; chacune d'elles part à une destination précise. Et, la destination de l'âme ; c'est le séjour des morts. Ainsi, comme l'âme ; c'est la vie qui reste dans un corps ; lorsqu'elle se sépare du corps ; le corps cesse de fonctionner. Tandis que l'âme poursuit une vie différente de celle qu'elle avait dans ce monde matériel ou physique. Un monde qui a ses propres réalités.

Le séjour des morts était jadis un seul endroit. Mais beaucoup de temps après ; il y aura plusieurs séjours pour les morts. Et, l'appellation séjour des morts sera propre à l'endroit où se trouvent deux différents territoires : Le lieu des tourments, et le lieu de consolation ou le Paradis. Ainsi que les deux autres endroits pour le séjour : Le lieu au sein des mers, et le lieu de la mort. Voilà en quelques mots ; ce que cet ouvrage transmet à l'humanité comme connaissance pouvant combler le grand vide spirituel sur ce qui concerne, l'après la mort des humains.

TABLE DES MATIERES

Renseignements complémentaires.

1-Né le 23 Juillet 1968, à Brazzaville, République du Congo

 - Adresse : Rue de Tchitala, commune de MVOUMVOU, Pointe Noire, République du Congo

 - Téléphone : 066499390 et 053907717 (WhatsApp)

2-Texte biographique :

Né à Brazzaville, le 23 Juillet 1968 dans l'arrondissement 3, Poto-Poto en République du Congo. Homme d'Eglise pendant plusieurs décennies ; avec le titre de Prophète. Le service sacré va l'emmener à former beaucoup de jeunes gens dans le métier de l'Evangile. Il va ouvrir plusieurs formations religieuses dites : « Eglises de Réveil ».

3-Le manuscrit y compris.

Buy your books fast and straightforward online - at one of world's fastest growing online book stores! Environmentally sound due to Print-on-Demand technologies.

Buy your books online at
www.morebooks.shop

Achetez vos livres en ligne, vite et bien, sur l'une des librairies en ligne les plus performantes au monde!
En protégeant nos ressources et notre environnement grâce à l'impression à la demande.

La librairie en ligne pour acheter plus vite
www.morebooks.shop

MIX
Papier aus verantwortungsvollen Quellen
Paper from responsible sources
FSC® C105338
FSC
www.fsc.org